Das Lehrwerk *„Deutsch im Hotel", Teile 1 und 2,* wendet sich sowohl an Deutschlerner, die im Fach Hotelgewerbe ausgebildet werden, als auch an Jugendliche und Erwachsene, die bereits in dieser Branche beruflich tätig sind.
Die didaktische und methodische Konzeption des Lehrwerks berücksichtigt also zwei Lernergruppen:

- Schüler an Fachschulen für Hotel und Tourismus mit dem Schwerpunkt Hotelgewerbe;
- Angestellte im Hotel-/Gastronomiegewerbe, die sich im Selbstlernverfahren oder an Einrichtungen der Erwachsenenbildung das für ihren Beruf nötige Deutsch aneignen oder bereits vorhandene Deutschkenntnisse aktivieren wollen.

Deutsch im Hotel bietet beiden Zielgruppen die nötigen sprachlichen Mittel, die sie zur mündlichen *(Teil 1)* und zur schriftlichen Bewältigung *(Teil 2)* der wichtigsten Situationen brauchen, in denen Hotelangestellte mit deutschsprachigen Gästen kommunizieren.

Der Unterricht bzw. das Selbststudium mit diesem Lehrwerk setzt Grundkenntnisse im Deutschen voraus, die etwa dem Abschlußniveau von *Themen 1* oder dem ersten Band vergleichbarer dreiteiliger Grundstufenlehrwerke entsprechen. Außerdem wird davon ausgegangen, daß die Lerner über entsprechende berufspraktische Kenntnisse in ihrer Muttersprache verfügen.

Hieraus ergibt sich folgende Struktur des Lehrwerks:

Teil 1: Gespräche führen umfaßt alle wesentlichen Situationen, die Hotelangestellte *in gesprochener Sprache* zu meistern haben. Berücksichtigt werden die Arbeitsbereiche Rezeption, Café, Restaurant, Bar, Zimmerservice, Wäscherei, Reisebüro, Touristeninformation (jeweils durch entsprechende Buchstaben unter der Arbeitsanweisung gekennzeichnet). Hervorzuheben ist, daß dieser Teil keiner grammatischen Progression folgt, sondern sich ausschließlich an den Sprechabsichten orientiert, die den jeweiligen Arbeitsbereichen zugehören. *Teil 1* enthält acht „Einheiten", die jeweils mit einer Vorentlastungsaufgabe eingeleitet werden und Musterdialoge sowie entsprechende authentische Materialien enthalten.
Die Aufbereitung für schrittweises Lernen geschieht durch eine Vielfalt von Übungsformen: Zuordnung, Richtig-Falsch-Aufgaben, Multiple-Choice-Aufgaben, Paralleltexte, Tabellen/Formulare ausfüllen, Hauptinformationen/Schlüsselwörter finden, Hörtexte auswerten, offene Dialoge komplettieren/weiterführen, Notizen machen und auswerten, Lückentexte, Textergänzungen, Rollenspiele.
Jeder Einheit schließt sich eine Auflistung aller relevanten *Redemittel* an, die als „Nachschlagefundus" eine wesentliche Hilfe bei der Erfüllung produktiver Sprachaufgaben darstellt und daher auch für den Selbstlerner von großem Nutzen ist.

Alle Einheiten schließen mit einer Bildgeschichte ab, die in witzig-ironischer Form die inhaltlichen Schwerpunkte der jeweiligen Einheit aufgreift. Die leeren Sprechblasen laden zu einer motivierenden und kreativen Transferübung zur Abrundung des Gelernten ein.

Im Anhang *„Referenzgrammatik"* werden Übersichtsparadigmen angeboten, um bereits vorhandene Grammatikkenntnisse in Erinnerung zu rufen, zu ergänzen und zu systematisieren. Diese „Referenzgrammatik" dient als gemeinsames Nachschlageinstrument zu den Lehrwerksteilen 1 und 2.
Im Anhang finden die Lerner auch die transkribierten *Hörtexte, Texte zu den Bildgeschichten* als Lösungsmuster und einen *Lösungsschlüssel* zu allen Übungen (d. h. solchen mit eindeutigen Lösungen).

Teil 2: Korrespondenz führen ist in neun Einheiten gegliedert, die den *Schriftverkehr Hotel/Gast und Hotel/Reisebüro* u. a. mit folgenden Schwerpunkten behandeln: Wie schreibt man Geschäftsbriefe?; Anfrage; Angebot; abschlägige Antwort/Gegenangebot; Reservierung; Bestätigung der Reservierung; Annullierung/Änderung und Bestätigung der Annullierung/Änderung; Abrechnung; Reklamation und Antwort auf Reklamation. Auch hier dienen die einleitenden authentischen Materialien und kommunikativen Aufgaben dem Einstieg in den Lernvorgang. Die vorgestellten Musterbriefe nämlich sind durch realitätsbezogene Übungen so aufbereitet, daß sie die Lerner befähigen, die dargestellte Kommunikationssituation zu erkennen, zu reproduzieren, zu komplettieren und zu variieren und danach selbsttätig Briefe und Telexe ähnlichen Inhalts zu schreiben. Eine ausführliche und systematische Auflistung der zum Verfassen von Briefen erforderlichen schriftlichen Ausdrucksmittel, *Textbausteine,* schließt sich jeder Einheit an.

Die „Grammatischen Schwerpunkte" im Anhang bieten ausgewählte, für den Fachbereich Hotelgewerbe besonders relevante grammatische Themen und eine breite Auswahl von Übungen zum kognitiven Lernen. Besonders berücksichtigt wurde dabei die für den Lerner erforderliche Kompetenz in der Produktion schriftlicher Texte (Korrespondenz). In diesem Anhang finden die Lerner auch einen **Lösungsschlüssel** zu den Übungen mit eindeutigen Lösungen.

Ergänzende Materialien des Lehrwerks sind eine *Tonband-Cassette* mit den mündlichen Texten von *Teil 1* und *methodische Handreichungen* für den Lehrer.

Erklärung der im Buch verwendeten Symbole, Piktogramme und graphischen Konventionen

 Im Buch ganz oder mit Lücken abgedruckte Dialoge, die vollständig auf Cassette vorliegen

 Reine Hörtexte, die im Übungsteil nicht abgedruckt sind, also nur von der Cassette gehört werden sollen (Transkription im Buchanhang)

 Schriftliche Übung, ins Buch oder auf ein Blatt Papier zu schreiben

 Partnerarbeit: zwei Lerner erarbeiten diesen Abschnitt gemeinsam

Plenumsarbeit: die ganze Lerngruppe/Klasse erarbeitet diesen Abschnitt zusammen mit dem Lehrer

 Richtige Lösungen zu dieser Übung im „Lösungsschlüssel" (Buchanhang)

_____ Zeile zum Schreiben ins Buch

. . . . offene Dialogrolle, die vom Band gehört und/oder übernommen werden soll

. . . . . Lücke im Dialog, die mit Hilfe der Cassette geschlossen werden soll

Arbeitsbereiche

P = Portierloge/Rezeption

R = Restaurant

I = Informationsschalter/-büro

T = Telefonzentrale

C = Café

Z = Zimmerservice

Rb = Reisebüro

W = Wäscherei im Hotel

Paola Barberis
Elena Bruno

Deutsch im Hotel 1

Kommunikatives Lehrwerk für Deutschlerner
im Fach Hotelgewerbe

Projektbegleitung: Brigitte Weis

Teil 1: Gespräche führen

Max Hueber Verlag

Bei der Bearbeitung der Einheiten, 2, 4, 6 und 8 lag die
Federführung bei Paola Barberis,
für die Einheiten 1, 3, 5 und 7 bei Elena Bruno.

Redaktion: Gernot Häublein · Altfraunhofen
Georg Klymiuk · München

Graphische Gestaltung und Herstellung:
Frauke Bergemann · München

Umschlag und Comics:
Jörg Drühl · Perach

5. 4.   Die letzten Ziffern
1994 93 92 91   bezeichnen Zahl und Jahr des Druckes.
Alle Drucke dieser Auflage können, da unverändert,
nebeneinander benutzt werden.
1. Auflage
© 1987 Max Hueber Verlag, D-8045 Ismaning
Satz: Anthofer's Satz + Druck Organisation, München
Druck: Schoder Druck GmbH & Co. KG, Gersthofen
Printed in the Federal Republic of Germany
ISBN 3-19-001424-8

Inhaltsverzeichnis

Gäste an der Rezeption empfangen und registrieren

reservieren

Meldeschein

Schlüssel

0. Rezeption: Was fällt Ihnen dazu noch ein?

1. Bitte hören Sie zu und vergleichen Sie Dialog und Formular.

P
- ● Guten Tag! Sie wünschen, bitte?
- ○ Ich möchte ein Einzelzimmer mit Bad.
- ● Ja, gerne. Wie lange bleiben Sie?
- ○ Nur diese Nacht.
- ● In Ordnung. Zimmer Nummer 127. Wollen Sie sich gleich eintragen?
- ○ Ja, wo?
- ● In dieses Formular, bitte.

mit / with		ohne Bad	Zimmer	
Bad bath	Dusche shower	without bath		Nächte nights
1			room	
			Einbettzimmer single room	
			Zweibettzimmer twin-bedded room	1
			Extra-Bett extra Bed	

2. Sie sind jetzt Portier.

- ● _____
- ○ Ich hätte gern ein Doppelzimmer mit Dusche!
- ● _____
- ○ Drei Tage.
- ● _____
- ○ Ja, hier: diese zwei Koffer. Die Tasche kann ich selbst tragen.
- ● _____
- ○ Ja, wo ist das Formular?
- ● _____

3. Bitte hören Sie zu.

P

● Guten Tag, Frau Dr. Lang! Guten Tag, Herr Dr. Lang!
○ Guten Tag, Herr Bleibtreu! Wie geht es Ihnen?
● Sehr gut, danke! Und Ihnen?
○ Danke, gut!
● Wie war die Reise?
○ Auch gut! Aber wir sind jetzt ein bißchen müde.
● Sie haben dasselbe Zimmer wie voriges Jahr.
○ Das ist aber nett von Ihnen!
● Der Träger bringt Ihr Gepäck sofort aufs Zimmer.
○ Danke. Können Sie uns diese Mappe im Safe aufbewahren?
● Selbstverständlich! Füllen Sie bitte das Formular hier aus? . . .
Ihre Quittung, bitte! – Haben Sie sonst noch einen Wunsch?
○ Nein, danke! . . .
Ach übrigens, ich möchte gleich Geld wechseln. Kann ich das hier?
● Ja, gerne. Welche Währung haben Sie?
○ D-Mark.
● Der Kurs ist heute 710 Lire für eine D-Mark.
Wieviel möchten Sie wechseln?
○ 500 Mark.
● Moment, bitte!

4. Welche Aussagen sind richtig bzw. falsch?
Bitte kreuzen Sie an.

	Richtig	Falsch
Herr und Frau Lang sind zum erstenmal im Hotel.	☐	☐
Sie haben Gepäck.	☐	☐
Sie haben das Zimmer nicht vorbestellt.	☐	☐
Sie möchten eine Mappe im Safe lassen.	☐	☐
Sie bekommen eine Quittung.	☐	☐
Die Dame hat österreichische Währung.	☐	☐

5. Sie sind der Empfangschef: Sie empfangen Ihre Gäste.

P
- ●
- ○ Guten Tag, wie geht es Ihnen?
- ●
- ○ Gut, danke.
- ●
- ○ Gut, aber anstrengend.
- ●
- ○ Ja, wir haben vier Koffer.

- ●
- ○ Danke. Können Sie uns das Etui hier aufbewahren?
- ●
- ○ Danke sehr!
- ●
- ○ Nein, danke!

6. Wechseln Sie einem deutschsprachigen Touristen Geld in Ihre Landeswährung.

7. Bitte hören Sie zu und ergänzen Sie.

P

○ Sprechen Sie _____ ?

● Ja, womit kann ich dienen?

○ Ich möchte ein _____ mit Bad.

● Hm. Zimmer Nr. _____ ist frei.

○ Wieviel kostet es?

● _____ _____ mit Frühstück.

○ Kann ich das Zimmer _____ ?

● Aber gerne. Kommen Sie, es ist im ersten _____ . . . .

Bitte: Hier ist das Badezimmer. Da haben Sie einen _____ ,

und hier ist der Fernsehapparat. Das Zimmer ist sehr _____ .

Das Fenster geht auf den Innenhof.

○ Ist gut. Wie kann ich _____ _____ nach Deutschland telefonieren?

● Sie brauchen nur die Nummer 1 vor der _____

zu wählen.

○ Aha, danke. Mein Gepäck ist unten _____ .

● Ich schicke sofort einen _____ .

Kann ich noch Ihren Ausweis haben, bitte?

○ Ja, natürlich.

8. Sie zeigen dem Gast ein Zimmer. Bitte schreiben Sie einen Dialog.

Deutsch?

DZ + Bad

Wieviel?

Sehen?

Kühlschrank?

OK. Gepäck

Bitte!

Ja!

Nr. . . .

. . .

Ja, bitte!

Hier!

Träger!

Ausweis?

9. Bitte hören Sie zu.

P

● Guten Tag, bitte schön?
○ Guten Tag! Mein Name ist Radmüller.
● Sind Sie angemeldet?
○ Ja, ich habe letzte Woche telefonisch gebucht.
● Ja, hier ist Ihre Reservierung. Sie bleiben bis zum 3. Juli, nicht wahr?
○ Ja, drei Tage.
● Hier ist Ihr Zimmerschlüssel, bitte. Nr. 19.
○ Ist vielleicht schon Post für mich da?
● Moment mal! . . . Ja, hier ist ein Telex und ein Brief.

○ Danke!
● Haben Sie kein Gepäck?
○ Doch, ich habe eine große Tasche im Auto.
● Möchten Sie den Wagen in die Garage stellen?
○ Oh ja, gern.
● Die Einfahrt ist um die Ecke.

10. Bitte kreuzen Sie an.

	Richtig	Falsch
Herr Radmüller hat ein Einzelzimmer gebucht.	☐	☐
Er bleibt eine Woche.	☐	☐
Er bekommt den Zimmerschlüssel.	☐	☐
Zwei Briefe liegen schon für ihn da.	☐	☐
Er hat kein Gepäck.	☐	☐
Er stellt das Auto in die Garage.	☐	☐

11. Sie sind Empfangschefin. Sie empfangen Ihren Gast.

●
○ Guten Tag! Ich habe vorige Woche ein Doppelzimmer mit Bad reserviert.

●
○ Joseph Klein.

●
○ Ja, zehn Tage.

●
○ Danke. Ist schon Post für mich da?

●
○ Danke. Kann ich das Auto in die Garage stellen?

●

12

**12. Tragen Sie bitte
die Personalien
von Herrn Fischer ein.**

MÜNCHEN 05

BEBLOSTR. 12

Größe/Height/Taille

175   cm

Augenfarbe/Colour of eyes/Couleur des yeux

BLAU

Ordens- oder Künstlername/
Religious name or pseudonym/Nom de religion ou pseudonyme

Behörde/Authority/Autorité

LANDESHAUPTSTADT MÜNCHEN
KREISVERWALTUNGSREFERAT

Datum/Date/Date

14.11.89

FISCHER << HENS<<<<<<<<<<<<<<

BUNDESREPUBLIK DEUTSCHLAND FEDERAL REPUBLIC OF GERMANY
REPUBLIQUE FEDERALE D'ALLEMAGNE
PERSONALAUSWEIS
IDENTITY CARD/CARTE D'IDENTITE
Name/Surname/Nom   8007668784

FISCHER

Vornamen/Given names/Prénoms

HENS HENRIK

Geburtstag und -ort/Date and place of birth/Date et lieu de naissance

15.11.41 POSEN
Staatsangehörigkeit/Nationality/   Gültig bis/Date of expiry/Date d'expiration
Nationalité

DEUTSCH / 13.11.99
Unterschrift des Inhabers/Signature of bearer/Signature du titulaire

IDD <<<<<< FISCHER << HENS<<<<<<<<<<<<<<<
8007668784D<<5004265<9911134<<<<<4<<<<<<<

Z. Nr.						
Preis	Pers.	**Name**			ABR	**F R E M D E N S C H E I N**
Frankfurt a. M.					ANK	

HOTEL EXCELSIOR-MONOPOL

Name - name - nom

Vorname - Christian name - prénom

Beruf - profession

Wohnung
domicile - résidence

Straße, Nr.
No., street - No., rue

Land
country - pays

**mit Ehefrau
with Mrs.
avec Mme.**

Vorname - Christian name - prénom

Staatsangehörigkeit
nationality - nationalité

ANKUNFT   ABREISE

Unterschrift - Signature

Ausweis / Paß

VEREINBARUNG! Zwischen mir und dem Hotel wird vereinbart: Für Geld, Wertsachen usw., die dem Gastwirt
zur Aufbewahrung übergeben werden, haftet er nur nach den gesetzlichen Bestimmungen über den unentgelt-
lichen Verwahrungsvertrag. In allen übrigen Verlust- oder Schadensfällen, auch für Kraftfahrzeuge, Fahrzeuge,
Zubehör und Tiere ist jede Haftung ausgeschlossen.

13. Bitte hören Sie zu und füllen Sie die Gästeliste aus.

P

● Wie ist Ihr Name, bitte?

● Wie war der Vorname?

● Können Sie das buchstabieren, bitte?

● Wie ist Ihre Adresse?

● Sie haben Zimmer Nr. 306.

○ Hens Fischer.

○ Hens.

○ H, E, N, S.

○ München, Beblostraße 12.

	Name	Vorname	Wohnort	Adresse	Zimmer-Nr.
1.	Fischer	Hens	München	Beblostr. 12	306
2.					
3.					
4.					
5.					
6.					

14. Sie sind Empfangschef und fragen die Gäste nach ihren Personalien. Benutzen Sie dabei Fragen und Gästeliste aus 13.

a Wie buchstabiert man auf deutsch?

A	Anton	I	Ida	R	Richard
Ä	Ärger	J	Julius	S	Siegfried
B	Berta	K	Kaufmann	Sch	Schule
C	Cäsar	L	Ludwig	T	Theodor
Ch	Charlotte	M	Martha	U	Ulrich
D	Dora	N	Nordpol	Ü	Übermut
E	Emil	O	Otto	V	Viktor
F	Friedrich	Ö	Ökonom	W	Wilhelm
G	Gustav	P	Paula	X	Xanthippe
H	Heinrich	Q	Quelle	Y	Ypsilon
				Z	Zacharias

b Wie kann man Gäste begrüßen und empfangen?

Guten	Morgen!		Grüß Gott!
	Tag!		Schönen guten Abend!
	Abend!		

Bitte schön?		Der Herr,	bitte?
Sie wünschen?		Die Dame,	
Womit kann ich dienen?		Die Herrschaften,	
Kann ich Ihnen behilflich sein?			

c Wie kann man Stammgäste empfangen?

Guten	Morgen,	Frau . . . ,	wie geht es Ihnen?
	Tag,	Herr . . . ,	wie war die Reise?
	Abend,	Fräulein . . . ,	hatten Sie eine gute Reise?

Ich freue mich,	Sie	wiederzusehen.		
Wir freuen uns,		wieder	bei uns	begrüßen zu	können.
			hier		dürfen.

d Was kann man nach den Formalitäten noch sagen?

(Seien Sie) Herzlich willkommen!	
Wir wünschen	Ihnen einen angenehmen Aufenthalt!
Ich wünsche	

e Wie kann man Personalien erfragen?

Wie	ist Ihr	Name,	bitte?
		Vorname?	
	heißen Sie?		

Wo wohnen Sie?
Wie ist Ihre Adresse?
Welche Staatsangehörigkeit haben Sie?
Was sind Sie von Beruf?

Wann	sind Sie geboren?
Wo	

f Wie kann man um den Ausweis bitten?

Ihren Ausweis, bitte?
Kann ich bitte Ihren Ausweis haben?

g Wie kann man nach dem Gepäck fragen?

Haben Sie Gepäck?

Brauchen Sie einen Gepäckträger?

Soll ich	das Gepäck	aufs Zimmer	bringen lassen?
	die Koffer	nach oben	

h Wie kann man bei Verständigungsschwierigkeiten rückfragen?

Bitte?
Wie bitte?
Entschuldigung? Ich habe Sie leider nicht verstanden.
Entschuldigen Sie?
Wie war das, bitte?

Könnten Sie das bitte	nochmal sagen?
	wiederholen?
	buchstabieren?

Wie	schreibt man das?
	wird das geschrieben?

Schreibt man das mit . . . ?
Bitte schreiben Sie das auf!

i Was sagt man beim Geldwechseln?

Welche Währung haben Sie?
In welche Währung wollen Sie Ihr Geld wechseln?
Der Kurs ist heute . . . für . . . .
Nach dem heutigen Kurs bekommen Sie für 100,– DM . . . .

Service
im Café,
im Restaurant
und auf dem Zimmer

Kellnerin

Servierwagen

bestellen

0. Restaurant: Was fällt Ihnen dazu noch ein?

1. Was kann man in Deutschland in einem Café trinken?
Und was trinkt man in   Ihrem Land im Café?

RATSCAFÉ
Getränkekarte

Warme Getränke

Kaffee	Tasse	DM 2,50
Kaffee	Kännchen	DM 4,–
Espresso	Tasse	DM 2,30
Cappuccino	Tasse	DM 3,–
Tee	Glas	DM 2,50
Schokolade mit Sahne	Tasse	DM 3,–
Milch (kalt, warm)	Glas	DM 2,–

Alkoholfreie Getränke

Cola	DM 2,50
Spezi	DM 4,–
Orangensaft	DM 3,–
Apfelsaft	DM 2,50
Tomatensaft	DM 3,–
Johannisbeersaft	DM 3,50
Mineralwasser	DM 2,–
Apollinaris	DM 2,50

Biere

Kleines Helles vom Faß	0,25 l	DM 2,–
Großes Helles vom Faß	0,5 l	DM 3,30
Dunkles vom Faß	0,5 l	DM 4,–
Pils	0,4 l	DM 3,90
Bockbier	0,4 l	DM 3,80
Malzbier	0,4 l	DM 3,80

Rotweine

Kalterer See, D.O.C. Classico, Südtirol	0,2 l	DM 4,50
Beaujolais Supérieur AC, Frankreich	0,2 l	DM 4,50
Weinschorle rot	0,4 l	DM 3,50

Weißweine

Müller-Thurgau, trocken, Franken	0,2 l	DM 5,50
Riesling, Mosel	0,2 l	DM 4,50
Weißburgunder, Südtirol	0,2 l	DM 4,–
Weinschorle weiß	0,4 l	DM 3,50

Spirituosen

Korn	2 cl	DM 2,50
Obstler	2 cl	DM 3,–
Kirschwasser	2 cl	DM 3,50
Rum	2 cl	DM 3,50
Wodka	2 cl	DM 3,–
Eierlikör	2 cl	DM 2,50

BRANDY

2. Bitte hören Sie zu und ergänzen Sie.

C

● Guten Tag! Die Herrschaften wünschen?
○ .... , bitte!
● Tasse oder Kännchen?
○ .... , bitte!
● Und für Sie?
○ Für mich ein großes .... !
● Ja, gerne, und für Sie?
○ Ich möchte einen .... , bitte!
● In Ordnung, danke schön!

4. Bitte hören Sie zu.

● Der Kaffee?

● So! Bitte schön!

● Bitte sehr!

3. Bitte notieren Sie sich die Bestellung.

○ Für mich, bitte! Und der Apfelsaft für die Dame.

○ Danke!

○ Vielen Dank!

5. Was macht die Kellnerin im Dialog 4?

6. Bitte hören Sie zu.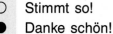

○ Fräulein, bitte zahlen!
● Ja, sofort! — Zusammen oder getrennt?
○ Zusammen, bitte!
● Also: einmal ein Kännchen Kaffee ...., einmal ein großes Bier .... , einmal Apfelsaft .... , bitte!
○ Stimmt so!
● Danke schön!

7. Bitte notieren Sie sich die Preise.

8. Nun nehmen Sie eine Bestellung (wie in 2) und die Zahlung (wie in 6) entgegen. Bitte schreiben Sie Dialoge.

C

a

RATSCAFÉ

1x Tee
1x Cola
2x Orangensaft

b

RATSCAFÉ

2,50
2,50
6,—

9. Bitte lesen Sie diese Speisekarte und suchen Sie zu jedem Abschnitt eine Überschrift.

R

Speisekarte

Restaurant
Zum Grünen Baum

Rumpsteak mit Champignons	DM 16,50
Schweinshaxe mit Salat	DM 15,50
Kalbsbraten mit Erbsen und Karotten	DM 13,–
Wiener Schnitzel mit Pommes frites und Salat	DM 13,50
Lammkotelett mit Röstkartoffeln und gemischtem Salat	DM 18,50
Kalbsleber mit Röstzwiebeln und Kartoffelpüree	DM 17,–

Heringsfilets	DM 9,50
Geflügelsalat	DM 10,–
Wurstsalat	DM 6,50
Weinbergschnecken	DM 10,50
Gemischte Schinkenplatte	DM 11,–

Forelle blau mit Butter und Salzkartoffeln	DM 18,50
Seezunge mit Kartoffeln und Salat	DM 22,–
Zanderfilet Müllerin mit Salzkartoffeln und Salat	DM 19,–
Rotbarschfilet mit Sauce Hollandaise, dazu Butterreis	DM 15,50

Serbische Bohnensuppe	DM 4,50
Gulaschsuppe	DM 5,50
Nudelsuppe	DM 3,50
Zwiebelsuppe	DM 5,50
Kraftbrühe mit Ei	DM 3,50

Apfelstrudel mit Vanillesauce	DM 6,50
Eisbecher mit Früchten	DM 8,50
Vanilleeis mit heißen Himbeeren	DM 7,50
Birne Helene	DM 7,–
Obstsalat mit Kirschwasser	DM 9,50

GUTEN APPETIT!

10. Bitte hören Sie zu und suchen Sie auf der Speisekarte die bestellten Speisen.

R

- ○ Ist hier frei?
- ● Leider nicht. Der Tisch ist reserviert. Für wie viele Personen?
- ○ Für zwei.
- ● Sie könnten hier am Fenster Platz nehmen.
- ○ Oh ja, danke!
  Können Sie uns bitte
  die Speisekarte bringen?
- ● Ja! – Bitte!
  Was möchten Sie trinken?
- ○ . . . . .
- ● Zweimal . . . . .

- ○ Herr Ober!
- ● Haben Sie schon gewählt?
- ○ Ja. Ich nehme eine . . . . .
  und ein . . . . . mit . . . . . und . . . . .
- ● Und für Sie?
- ○ . . . . . und . . . . . mit . . . . . und . . . . .
- ● Tut mir leid. Wir haben keinen Kalbsbraten mehr.
- ○ Tja, was würden Sie mir dann empfehlen?
- ● Probieren Sie doch . . . . . mit . . . . .! Das schmeckt ausgezeichnet.
- ○ Okay, dann nehme ich das.

- ● Hat es Ihnen geschmeckt?
- ○ Ja sehr. Wir möchten noch etwas bestellen.
- ● Ja, bitte sehr?
- ○ Einmal . . . . . mit . . . . . und einmal . . . . .
  Und wir möchten dann gleich zahlen!

11. Sie sind Ober und nehmen die Zahlung entgegen. Spielen Sie den Dialog weiter.

OBERROTWEILER
Weine
VOM KAISERSTUHL

Campari Soda //

Gulaschsuppe /
Schweinebraten //
Pils ///
Wiener Schnitzel /
Eisbecher /

Restaurants
MÖVENPICK
am Wasserklops

1000 Berlin 30 · Tel. (030) 2 62 70 77
5 Restaurants und eine Confiserie - alle zu finden in der «Stadt in der Stadt»

RECHNUNG

			Datum	Tisch	Kasse
7958	1465*	6	27.02.87	40#	54
1	MINERALWASSE				
1	BAKY HERING			2.80	
1	APFELKUCHEN			10.50	
1	SAHNE			3.90	
	ZWI-SU			0.80	
14.00%	MWST.	15.79		18.00	
	TOTAL		2.21	18.00	
AUF WIEDERSEHEN!				18.00	

Zahlen Sie bitte nur die
gedruckten Beträge
Alle Kassen

WIR DANKEN

 12. Was sagen hier Ober und Gast?
Bitte schreiben Sie Dialoge.

 R

Gruß

        Gruß –
        . . . reserviert?

Nein,
bitte!

        Speisekarte!

Bitte!
. . . gewählt?

        . . .

. . . und?

        . . .

. . . zum Trinken?

        . . .

Bitte!

        Danke!

. . . geschmeckt?

        . . . ja, zahlen!

. . .

        . . . für Sie!

Danke!

13. Bitte hören Sie zu. Um welche Art von Situationen handelt es sich hier?

14. Welche Reaktion paßt zu welcher Beschwerde?

A	Herr Ober, ich finde, der Wein ist zu sauer!	**1**	Tut mir leid. Ich habe keinen anderen.
B	Ich glaube, der Kuchen ist nicht mehr ganz frisch.	**2**	Möchten Sie eine andere Flasche probieren?
C	Das Messer fehlt!	**3**	Verzeihung! Sie bekommen sofort Ihre Tomatensuppe!
D	Ich habe keine Gulaschsuppe bestellt, sondern Tomatensuppe!	**4**	Entschuldigung! Heute haben wir besonders viel zu tun!
E	Jetzt warte ich schon zwanzig Minuten!	**5**	Entschuldigen Sie, ich bringe Ihnen sofort eins!

A	
B	
C	
D	
E	

15. Mögliche Beschwerden über Speisen und Getränke. Bitte kreuzen Sie an.

	zu fett	zu weich	(zu) trocken	(zu) sauer	nicht frisch	schal	versalzen	zu scharf	fade	ranzig	(zu) hart	zäh	(zu) kalt	(zu) warm
Wein			X	X		X			X				X	X
Milch														
Bier														
Brot														
Kuchen														
Fleisch														
Fisch														
Salat														
Suppe														
Ei														
Butter														
Sahne														

16. Bitte formulieren Sie jetzt.

R

Gast *(empört)*

Ober *(höflich)*

_____

_____

_____

_____

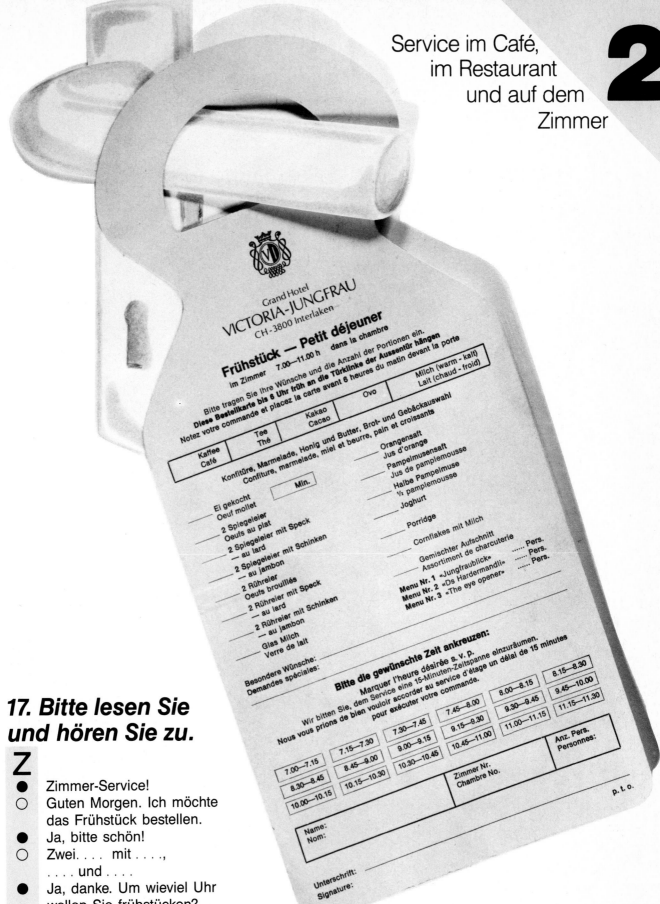

Grand Hotel
VICTORIA-JUNGFRAU
CH-3800 Interlaken

Frühstück — Petit déjeuner

im Zimmer 7.00—11.00 h dans la chambre

Bitte tragen Sie Ihre Wünsche und die Anzahl der Portionen ein.
Diese Bestellkarte bis 6 Uhr früh an die Türklinke der Aussentür hängen
Notez votre commande et placez la carte avant 6 heures du matin devant la porte

Kaffee Café	Tee Thé	Kakao Cacao	Ovo	Milch (warm - kalt) Lait (chaud - froid)

Konfitüre, Marmelade, Honig und Butter, Brot- und Gebäckauswahl
Confiture, marmelade, miel et beurre, pain et croissants

Ei gekocht
Oeuf mollet | Min. |

2 Spiegeleier
Oeufs au plat

2 Spiegeleier mit Speck
— au lard

2 Spiegeleier mit Schinken
— au jambon

2 Rühreier
Oeufs brouillés

2 Rühreier mit Speck
— au lard

2 Rühreier mit Schinken
— au jambon

Glas Milch
Verre de lait

Orangensaft
Jus d'orange

Pampelmusensaft
Jus de pamplemousse

Halbe Pampelmuse
½ pamplemousse

Joghurt

Porridge

Cornflakes mit Milch

Gemischter Aufschnitt
Assortiment de charcuterie ..... Pers.

Menu Nr. 1 «Jungfraublick» ..... Pers.
Menu Nr. 2 «Ds Hardermandli» ..... Pers.
Menu Nr. 3 «The eye opener»

Besondere Wünsche:
Demandes spéciales:

Bitte die gewünschte Zeit ankreuzen:

Marquer l'heure désirée s. v. p.
Wir bitten Sie, dem Service eine 15-Minuten-Zeitspanne einzuräumen.
Nous vous prions de bien vouloir accorder au service d'étage un délai de 15 minutes
pour exécuter votre commande.

7.00—7.15	7.15—7.30	7.30—7.45	7.45—8.00	8.00—8.15	8.15—8.30
8.30—8.45	8.45—9.00	9.00—9.15	9.15—9.30	9.30—9.45	9.45—10.00
10.00—10.15	10.15—10.30	10.30—10.45	10.45—11.00	11.00—11.15	11.15—11.30

Anz. Pers.
Personnes:

Zimmer Nr.
Chambre No.

Name;
Nom:

Unterschrift:
Signature:

p. t. o.

17. Bitte lesen Sie und hören Sie zu.

Z

● Zimmer-Service!
○ Guten Morgen. Ich möchte das Frühstück bestellen.
● Ja, bitte schön!
○ Zwei. . . . mit . . . ., ... und . . . .
● Ja, danke. Um wieviel Uhr wollen Sie frühstücken?
○ Um . . . . ., bitte!
● In Ordnung.
○ Vielen Dank. Auf Wiederhören!
● Auf Wiederhören!

 ## 18. Bitte notieren Sie die Wünsche des Gastes.

19. Bitte nehmen Sie die Bestellung entgegen.

Z

● _____

○ Guten Morgen! Können Sie mir das
Frühstück aufs Zimmer bringen?

● _____

○ Zweimal Grapefruitsaft, einmal Tee und
einmal Kaffee – und zwei Müsli.

● _____

○ Nein, Grapefruitsaft, bitte!

● _____

○ Um halb neun, bitte.

● _____

○ Vielen Dank. Auf Wiederhören!

● _____

20. Bitte hören Sie zu.

● Darf ich?
○ Ja, bitte. Herein!
● Guten Morgen, haben Sie
gut geschlafen?
○ Ja, danke!

● Ihr Frühstück, bitte!
○ Danke!
● Wünschen Sie sonst noch etwas?
○ Nein, danke.

21. Um welche Situation handelt es sich hier?

22. Bringen Sie jetzt dem Gast diese Gegenstände aufs Zimmer.

a Bestellungen entgegennehmen

Bitte? Bitte sehr?	Was darf es sein? Und für Sie? Haben Sie schon gewählt?
Sie | wünschen? Die Herrschaften |	Zum Trinken? Womit wollen Sie anfangen?

Was | wünschen | Sie?
      | trinken |
      | nehmen |	

b Auf Bestellungen reagieren

Ja! Ja, danke! In Ordnung! Jawohl! Geht in Ordnung! Ist gut!	Danke! Danke schön! Danke sehr! Ich bedanke mich! Besten Dank!

Tut mir leid, wir haben | kein . . . mehr.
Leider haben wir |

c Speisen und Getränke empfehlen

Ich | würde | Ihnen . . . empfehlen,
    | kann |
    | möchte |
	Probieren | Sie doch . . .
	Nehmen |
	
	Wie wär's mit . . . ?

Das \| ist \| sehr gut.
     \| schmeckt \| ausgezeichnet.

Dieser Wein hat ein \| volles \| Bukett.   Dieser Wein paßt sehr gut zu . . .
                  \| angenehmes \|
                  \| charakteristisches \|

d Servieren

Bitte!   Guten Appetit!   Für Sie?
So, bitte!   Wer bekommt . . . ?
Bitte \| sehr!   Wer bekam bitte . . . ?
     \| schön!

e Die Zahlung entgegennehmen

Hat es (Ihnen) geschmeckt?
Wie hat es (Ihnen) geschmeckt?
Haben Sie noch einen Wunsch?
Sie möchten zahlen?

Zusammen oder | getrennt?
             | einzeln?

Das macht | . . . Mark, bitte!
—

f Sich bedanken

Danke | — !
     | schön!
     | sehr!
     | vielmals!

Vielen | Dank!
Schönen |
Besten |

Das | ist | (aber) nett von Ihnen!
    | war |

Ich danke Ihnen | sehr!
               | vielmals!

Ich bedanke mich!

g Auf Dank reagieren

Bitte | — !
    | schön!
    | sehr!

Bitte, bitte!
Nichts zu danken!
Das ist doch selbstverständlich!
Gern geschehen!

Weine sind . .

jung	leicht	blumig
ausgereift		würzig
reif	schwer	erdig
alt		abgerundet
	körperreich	samtig
durchgegoren	bukettreich	aromatisch
herb		kräftig
trocken		voll
halbtrocken		lebhaft
mild		spritzig
lieblich		
süß		

Speisen sind . .

gebraten	gekocht
gebacken	gedünstet
paniert	mariniert
frittiert	angemacht
geröstet	gut gewürzt
geschmort	gefüllt
überbacken	geräuchert
gegrillt	flambiert

h Auf Beschwerden im Restaurant reagieren

Pardon!	Wir werden	es	sofort umtauschen.
Entschuldigung!		ihn	
Verzeihung!		sie	
Entschuldigen Sie, bitte!	Wir nehmen	. . .	selbstverständlich zurück.
Tut mir leid!			
Ich bedaure das (sehr).			

Das war	ein Versehen.	Sie bekommen	sofort Ihr . . .
	eine Verwechslung.	Ich bringe Ihnen	
		Ihr . . . kommt sofort!	

Gästen und Interessenten Informationen geben

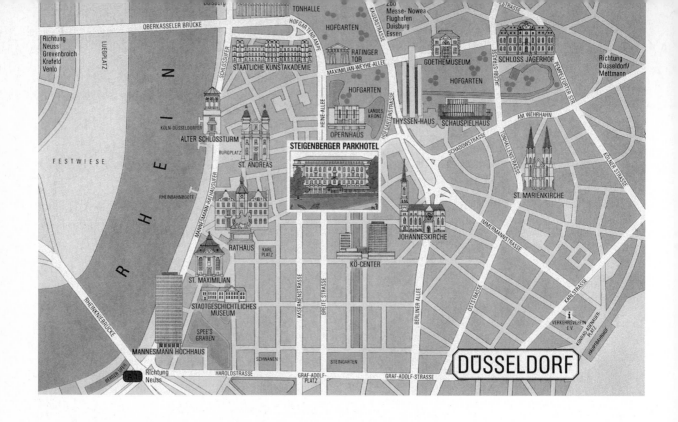

0. Bitte schauen Sie sich den Stadtplan an. Stimmen folgende Aussagen?

	Richtig	Falsch
Der alte Schloßturm ist direkt am Rhein.	☐	☐
Die Tonhalle ist nicht weit vom Bahnhof.	☐	☐
Der Verkehrsverein ist in der Nähe des Bahnhofs.	☐	☐
Das Goethe-Museum ist gegenüber dem Mannesmann-Hochhaus.	☐	☐
Das Ratinger Tor ist im Hofgarten.	☐	☐
Das Opernhaus liegt hinter der Staatlichen Kunstakademie.	☐	☐
Die Festwiese liegt am linken Rheinufer.	☐	☐
Vor dem Rathaus ist ein Denkmal.	☐	☐

1. Bitte hören Sie zu und zeichnen Sie den Weg auf den Stadtplan. *Das Gespräch findet an der Portierloge des Steigenberger Parkhotels statt.*

P
○ Die Graf-Adolf-Straße. Wo ist die, bitte?
● Das ist nicht so weit. Sie gehen die Breite Straße entlang. Die sechste Querstraße ist die Graf-Adolf-Straße.
○ Ach so! Danke auch.

an der Kirche vorbei

über die Brücke
nach rechts

durch die
Unterführung

über den Platz

nach links

geradeaus

durch den
Park

2. Zeichnen Sie den Weg auf den Stadtplan.

Sie sind im Verkehrsverein, Nähe Hauptbahnhof.

I
○ Verzeihung, wie komme ich am besten zum Schauspielhaus?
● Die erste Straße links bis zur Kreuzung Schadowstraße; biegen Sie da ein,
und nochmal die zweite links.
○ Danke!

3. Bitte antworten Sie.

P

○ Entschuldigen Sie, zur Tonhalle, bitte?

● ....

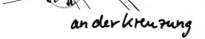

an der Kreuzung

○ Wie kommt man bitte zum Stadtgeschichtlichen Museum?

● ....

○ Entschuldigung, können Sie mir bitte den Weg zum Schloß Jägerhof auf dem
Stadtplan zeigen?

● ....

○ Wie komme ich bitte zur Kunstakademie?

● ....

I
○ Verzeihung, wie komme ich von hier zum Steigenberger Parkhotel?

● ....

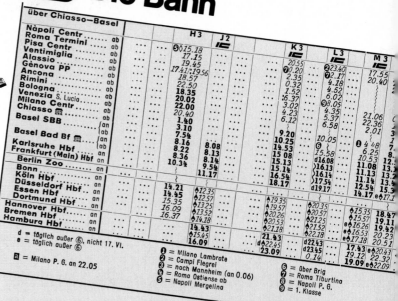

DB **Die Bahn**

über Chiasso–Basel

		H 3	J 2		K 3	L 3	M 3
Nàpoli Centr	ab	❶15.18					
Roma Termini	ab	17.15			20.55	❷23.40	17.55
Pisa Centr	ab	19.45			❼0.20	❼2.17	20.40
Ventimiglia	ab	17.41/❺19.56			2.35	4.18	
Alassio	ab	18.57			0.32	4.52	
Gènova PP	ab	22.50			1.52	6.02	
Ancona	ab	18.35			16.37	❸8.05	
Rimini	ab	20.02			3.02		
Bologna	ab	22.00			4.23	4.35	21.06
Venezia S. Lucia	ab	20.40			6.12	5.37	22.36
Milano Centr	ab	1.40				6.58	2.01
Chiasso 🚉	ab	3.10					
Basel SBB	an	7.54			9.20	10.05	
Basel Bad Bf 🚉	ab	8.16	8.08		10.25	14.53	6.25
Karlsruhe Hbf	ab	8.22	8.13		15.08	15.58	10.53
Frankfurt (Main) Hbf	an	8.36	8.14		15.13	d16.08	
	ab	10.34			15.14	❾16.13	11.08
Berlin Zoo	an		11.17		16.54	❾16.14	11.13
Bonn	an				18.17	❾17.54	11.14
Köln Hbf	an	14.21				❾19.17	12.54
Düsseldorf Hbf	an	14.45	❹12.35				14.17
Essen Hbf	an	15.35	❹12.57		❹19.35		
Dortmund Hbf	an	16.09	❹13.25		❹19.57	❹20.35	18.47
Hannover Hbf	an	16.37	❹13.52		❹20.26	❹20.57	19.11
Bremen Hbf	an		❹14.18		❹20.53	❹21.52	19.42
Hamburg Hbf	an		14.43		❹21.18	❹21.52	❹16.53
			❹15.45			❹22.18	20.23
			16.09		21.43		❹20.43
					d22.43		19.12
					d22.45	d3345	19.09
					23.09	0.14	

d = täglich außer ⑥, nicht 17. VI.
e = täglich außer ⑥

a = Milano P. G. an 22.05

❶ = Milano Lambrate
❷ = Campi Flegrei
❸ = nach Mannheim (an 0.06)
❹ = Roma Ostiense ab
❺ = Napoli Mergelina

⑥ = über Brig
⑦ = Roma Tiburtina
⑧ = Napoli P. G.
⑨ = 1. Klasse

Durchlaufende Wagen (Kurswagen)

A 3 🍴❌ **⫸ 104 Metropolitano**
Milano–Basel SBB–Dortmund
Chiasso–Düsseldorf

A 4 **D 359**
Basel SBB–Berlin
S,D,T3 Basel SBB–Berlin–(Moskau)
(ab Basel ②, ⑥ und ⑦ Moskau an ④, ① und ②)
Basel Bad Bf–Frankfurt

B 4 📦 **⫸ 570 BREISGAU**
Basel SBB–Frankfurt/M

C 2 **D 472**
Basel SBB–Hamburg-Altona
S,D,T3 Basel SBB–Hamburg-Altona

C 3 **D 878**
Basel SBB–(Mannheim)

---

4. Bitte hören Sie zu.

○ Ich möchte morgen früh nach
. . . . . Wann habe ich eine
günstige Verbindung?

● Sie können um . . . . . Uhr von
Mailand abfahren. Dann sind
Sie um . . . . . in . . . . .

○ Muß ich umsteigen?

● Nein.

Reiseverbindungen
Connections
Horaires des trains

Station	Reisetag date/day date/jour	🕐	🕐	🕐	🕐
	ab dep				
	an arr				
	ab dep				
	an arr				
	ab dep				
	an arr				
	ab dep				
	an arr				
	ab dep				
	an arr				

Bemerkungen
notes
observations
Auskunft ohne Gewähr, Information without guarantee, renseignement no garanties

---

5. Hören Sie das Gespräch 4 noch einmal und notieren Sie bitte.

6. Bitte geben Sie Auskunft.

a

○ Können Sie mir den ersten Zug am Morgen nach München sagen?

● ....

○ Hat der Zug 2. Klasse?

● ....

b

○ Ich möchte morgen nachmittag nach Frankfurt.

● ....

○ Muß ich umsteigen?

● ....

c

○ Wann geht am Nachmittag eine Maschine nach Hannover ab?

● ....

○ Und wann bin ich in Hannover?

● ....

Reiseverbindungen | DB
Connections
Horaires des trains

Reisetag
date/day
date/jour

Station					
Genève	ab dep	8.56			
München	an arr	17.06			
	ab dep				
	an arr				
	ab dep				
	an arr				
	ab dep				
	an arr				

Bemerkungen
notes
observations

1. - 2. Klasse

Auskunft ohne ... information without guarantee, renseign... ...ranties

Reiseverbindungen | DB
Connections
Horaires des trains

Reisetag
date/day
date/jour

Station					
Straßburg	ab dep	15.21			
Offenburg	an arr	16.02	Ⓤ		
	ab dep	16.22	IC		
Frankfurt	an arr	18.17			
	ab dep				
	an arr				
	ab				

Fahrpläne ⭐

Flugplan

Abflug von Berlin

				Flughafen				**Ankunft in Berlin**	
7.40	täglich (a)								
8.40	Mo-Sbd	BA	771						
11.00	täglich	BA	3055	8.20	Hannover				
13.30	Do, Fr	BA	3059	9.20		7.10	Mo-Sbd	BA 3052	
16.00	täglich	BA	3061	11.40		9.50	Mo-Sbd	BA 3056	7.50
18.30	täglich (a)	BA	3063	14.10		12.10	täglich	BA 3060	10.30
20.15	täglich	BA	775	16.40		14.40	Do. Fr	BA 3062	10.30
			3073	19.10		15.45	täglich (a)	BA 774	12.50
6.40	Mo-Fr			20.55		17.20	täglich	BA 3064	15.20
8.50	täglich	BA	3001			20.35	täglich (a)	BA 776	16.25
11.00	Mo-Sbd	BA	3003	7.50	Köln/Bonn				18.00
13.25	täglich	BA	3005	9.55		8.15	Mo-Fr		21.15
15.30	So-Fr	BA	3015	12.05		10.25	täglich	BA 3002	
16.30	täglich (a)	BA	3023	14.30		12.35	Mo-Sbd	BA 3004	9.15
19.40	So-Fr	BA	745	16.35		15.00	So-Fr	BA 3006	11.25
		BA	3027	17.35		17.05	So-Fr	BA 3016	13.35
10.00	täglich			20.45		19.55	täglich (a)	BA 3024	16.00
6.30	täglich	BA	781			21.15	So-Fr	BA 744	18.05
9.10	täglich			11.00					20.55
11.45	täglich	PA	681		London			BA 3028	22.15
13.35	täglich	PA	685	7.50	München	10.15	täglich		
15.40	So-Fr	PA	687	10.30		8.40	täglich	BA 780	12.55
18.50	täglich	PA	689	13.00		11.10	täglich	PA 680	
7.40	Mo-Fr	PA	691	14.50		13.35	täglich		
		PA	693	17.00					

7. Wie ist das Wetter in Berlin? Bitte lesen Sie.

DAS WETTER

Heute in Berlin

Am Rande des Nordseetiefs „Lulu" wird von Westen und Nordwesten zunehmend kühlere Meeresluft herangeführt. Heute wechselnd heiter und stark bewölkt, vor allem in der zweiten Tageshälfte Schauer oder Gewitter. Bei schwachem, in Gewitternähe stark böigem Wind aus West bis Nordwest höchste Tagestemperatur 20 Grad, tiefste nachts 10 Grad Celsius.

Morgen in Berlin

Wechselnd heiter und wolkig, nur noch geringe Schauerneigung. Bei schwachem bis mäßigem Nordwestwind Höchstwert etwas über 20 Grad, tiefster nachts 8 Grad Celsius.

Werte von 14 Uhr

Der Luftdruck fiel von vorgestern 1018 hPa auf gestern 1016 hPa.
Tendenz: schwach steigend
Relative Luftfeuchtigkeit: 62 %
Lufttemperatur: 20 Grad Celsius

17 . 8 .1985 , 8 Uhr

Legende:
- ○ wolkenlos
- ◑ heiter ◕ wolkig
- ● bedeckt
- Westwind 50 km/h
- Ostwind 30 km/h
- Temperatur in °C
- ● Regen ⌇ Nieseln
- ▽ Schauer ⌇ Gewitter
- ✳ Schnee ≡ Nebel
- ⫽ Niederschlag
- Warmfront
- Bodenkaltfront
- Höhenkaltfront
- Okklusion
- Luftströmung warm kalt gemäßigt
- H Hoch T Tief
- Luftdruck in hPa

Institut für Meteorologie der Freien Universität Berlin

(Gestern, 14 Uhr)

Travemünde
Westerland

Flughäfen

8. Bitte hören Sie zu.

P

○ Guten Tag, ich wollte wissen, wie das Wetter bei Ihnen ist.
● Wir haben gerade ein Gewitter. Aber nach der Wettervorhersage wird es morgen besser.
○ Und wie ist die Temperatur?
● Höchsttemperatur 20° C. In der Nacht ist es ziemlich kühl. Etwa 10°.

9. Bitte geben Sie Auskunft. Schreiben und sprechen Sie bitte.

P

a ○ Ist das Wetter bei Ihnen gut?

● _____

○ Wie ist die Wettervorhersage für morgen?

● _____

○ Wie hoch ist die Temperatur am Tag? **20-25°C**

● _____

c ○ Kann man bei Ihnen schon Ski fahren?

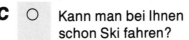

● _____

○ Wie hoch liegt der Schnee? **50-80cm**

● _____

○ Sind die Straßen schneefrei?

● _____

○ Wie ist das Wetter?

● _____

b ○ Kann man heute baden?

● _____

○ Wie ist die Wettervorhersage für morgen?

● _____

Monat	Mai	Juli	Sept.
Temperatur in °C	15 – 23	21 – 28	20 – 26
Ø Sonnenstunden / Tag	10	11	9
Ø Wassertemperatur in °C	17	23	23

Mit durchschnittlich 10 Sonnenstunden pro Tag bietet das Klima von Yasmina beste Voraussetzungen für einen tollen Urlaub. Und die ständige Brise am breiten, weißen Sandstrand ist ideal zum Surfen und Segeln.

10. Bitte beantworten Sie diese telefonische Anfrage.

I

○ Wie ist das Wetter bei Ihnen im Mai?

● _____

○ Man braucht also auch warme Sachen?

● _____

○ Wie ist die Temperatur?

● _____

○ Kann man da segeln?

●

a Jemanden ansprechen . . .

Bitte, . . .	Entschuldigen | Sie?
Entschuldigung!	Verzeihen
Verzeihung!	

b . . . und darauf reagieren

Ja!?
Bitte!?
Ja, bitte!?

c Ortsangaben machen

Kommen Sie, ich zeige Ihnen den Weg!
Warten Sie mal, da muß ich überlegen!
Das weiß ich leider nicht!

Fahren	Sie hier	links	und dann . . .
Gehen		rechts	
		geradeaus	

Sie	gehen	hier	bis zu . . .
	fahren	am besten	

Sie müssen	links	fahren.
	rechts	gehen.
	geradeaus	

Nehmen Sie die	erste	Querstraße . . .
	zweite	Parallelstraße.
	. . .	

Biegen Sie in die	erste	Straße	links	ein.
	zweite		rechts	
	. . .			

Überqueren Sie . . .
Benutzen Sie die Unterführung!

d Auskunft über das Wetter geben

Es	nieselt.
	gießt.
	regnet.
	schneit.
	hagelt.
	graupelt.

Es ist	sonnig.
	heiter.
	windig.
	neblig.
	wolkig/bewölkt/bedeckt.
	windstill.
	schwül.
	heiß.
	warm.
	kühl.
	kalt.
	feucht.
	trocken.

Das Wetter ist	schön/gut.
	schlecht.
	miserabel.
	wechselhaft.
	unbeständig.

Wir haben	ein	Hoch.
		Tief.
	Sonne.	
	Regen.	
	Schnee.	
	Glatteis.	
	Wind.	
	Nebel.	
	gerade ein Gewitter.	
	Sturm.	

Das Meer ist	glatt.
	ruhig.
	bewegt.
	stürmisch.

Hotels beschreiben und vermitteln

0. Tourismus in Wintersportzentren: Was fällt Ihnen dazu ein?

Schnee, Après-Ski, Loipen, Piste

Val d'Isère

* Skizentrum der Superlative
* 10 km Steilhangabfahrten
* Traumpisten für Tiefschnee-Enthusiasten
* Helikopter-Skiing

Hotel Saint Hubert**

Gut gelegenes Hotel in unmittelbarer Nähe der Liftabfahrten. Traditionelles Haus mit großen Südzimmern mit Balkon zur Piste. Nordzimmer sind kleiner und ohne Balkon. Bar, Aufenthaltsraum, Restaurant, beheizte Garage.

Hotel Vieux Village**

Kleines, gut geführtes, gepflegtes Hotel in zentraler Lage, 200 m zu den Liftanlagen. Gemütliche Atmosphäre. Zimmer mit moderner Einrichtung. Bar, Aufenthaltsraum, Restaurant.

Preise in DM pro Person und Woche bei Selbstanreise

Bei Buspauschalreise ab/bis München kalkulieren Sie pro Pers. + DM 165,– für die Fahrt

Vertragshaus	Leistung		3. 1.-7. 2.	20. 12.-3. 1. 7. 2.-21. 4.	EZ	3. Pers.	Kinder
Neige et glace*	DZ, D, Süd	ÜF	254	310	a.A.	a.A.	a.A.
	DZ, B/WC, Süd	ÜF	454	517			
	DZ, Waschraum	ÜF	208	227			
			1. 12.-23. 12. 7. 1.-8. 2.	23. 12.-7. 1. 8. 2.-21. 4.			
Saint Hubert**	DZ, D/WC	HP	628	750	–	a.A.	4-10 J. ./. 30%
	DZ, B/WC	HP	674	796			10-12 J. ./. 20%
	EZ, Waschb. Dusche am Flur	HP	674	796			
			1. 12.-22. 12. 5. 1.-9. 2.	22. 12.-5. 1. 9. 2.-13. 4.			
Vieux Village**	DZ, B/D/WC	HP	551	681	276/–	–	–

Zermatt

* 150 km Pisten am Matterhorn
* Zahnradbahn bis 3100 m hoch
* Luftseilbahn bis 3407 m
* Skihochtouren, Tiefschneehänge
* Gemütlichkeit im autofreien Ort

Apparthotel Holiday***

Komfortables Apparthotel, ruhig gelegen in der Nähe der Sesselbahn Sunnega und der Sportanlagen (Hallenbad, Eisbahn, Tennis). Studio-Zimmer mit Balkon, Kochnische, Kühlschrank, Bad/WC, Radio, Telefon. Zimmerdienst, Telefonzentrale, Restaurant, Bar, Aufenthaltsraum.

Hotel Gornergrat***

Altbekanntes Haus, sehr zentral gelegen an der Gornergratbahn. Geschmackvolle, rustikale Einrichtung, sehr komfortabel. 100 Betten, alle Zimmer mit Bad oder Dusche, Telefon mit Direktwahl, Weckuhr. Aufenthaltsraum, Fernsehen, Restaurant mit französischen Spezialitäten. Ungezwungene Atmosphäre.

Parkhotel Beausite****

Komfortables, großzügiges Erstklaßhotel (120 Betten), in zentraler, ruhiger Aussichtslage. Schöne, große Hotelhalle mit Kamin. Fernsehraum, Grillroom, Bar, Sonnenterrassen, Hallenbad (8 x 18 m), Sauna. Gut eingerichtete Zimmer mit Radio, Telefon. Frühstücks- und Dessertbuffet, Menüwechsel ohne Aufpreis. Weihnachtsmenü und Sylvestergala inkl. 3x wöchentlich Musikunterhaltung. Wöchentlich Empfangscocktail, Galadiner, Grillabend und Fondue chinoise.

Preise in DM pro Person und Woche bei Selbstanreise

Vertragshaus	Leistung		5.1.-9.2. 22.3.-14.4.	9.2.-22.3. 14.4.-28.4.	15.12.-5.1.	EZ	3. Pers.	Kinder
Gornergrat*	DZ, B/D/WC	ÜF	553	805	956	a.A.	a.A.	a.A.
		HP	735	986	1157			
			10.12.-22.12. 5.1.-2.2.	2.2.-16.2. 13.4.-27.4.	22.12.-5.1. 16.2.13.4.			
Holiday*	DZ, B/WC, N-O	ÜF	364	528	619	a.A.	a.A.	bis 6 J. ./. 50%
		HP	537	728	828			6-12 J. ./. 30%
	DZ, B/WC, Süd	ÜF	410	601	673			
		HP	582	810	883			
			Mindestaufenthalt Weihnachten 12 Tage, Ostern 14 Tage					
			1.12.-22.12. 5.1.-26.1.	26.1.-23.2. 16.3.-30.3.	23.2.-16.3. 30.3.-14.4.	22.12.-5.1.		
Parkhotel Beausite**	DZ,B/WC, S-O	ÜF	546	910	1001	1092	+ 91	a.A.	2-12 J. ./. 50%
		HP	583	1047	1138	1229			12-16 J. ./. 30%
	DZ, B/WC, S-W	ÜF	592	956	1092	1138	+ 91		
		HP	728	1092	1229	1274			
			Mindestaufenthalt Weihnachten 12 Tage, Ostern 14 Tage					

1. Sammeln Sie nun aus diesem Prospekt weitere Begriffe zu diesem Thema.

2. Was bieten diese fünf Hotels an? Bitte notieren Sie.

Val d'Isère	SAINT HUBERT	VIEUX VILLAGE
Lage	gut gelegen in der Nähe der Liftabfahrten	
Ausstattung	traditionell	
Unterbringung	Südzi., groß m. Balkon Nordzi., klein o. Balkon	
Sport und Unterhaltung	Bar, Aufenthaltsraum	
Küche	Restaurant	
Atmosphäre		
Extras	beheizte Garage	

Zermatt	PARKHOTEL BEAUSITE	HOTEL GORNERGRAT	APPARTHOTEL HOLIDAY
Lage			
Ausstattung			
Unterbringung			
Sport und Unterhaltung			
Küche			
Atmosphäre			
Extras			

3. Wählen Sie jetzt ein Hotel und informieren Sie einen Interessenten kurz über Lage, Ausstattung und sonstige Leistungen des Hauses.

4. Welche Adjektive passen zur Beschreibung und Bewertung der verschiedenen Eigenschaften eines Hotels?

vollklimatisiert elegant teuer beheizt gepflegt gut gelegen
gut eingerichtet nah billig groß erstklassig zentral
klein günstig familiär gut geführt einfach rustikal sportlich
modern ruhig großzügig schön komfortabel
geschmackvoll repräsentativ apart gemütlich traditionell ungezwungen
preiswert renommiert

Lage	Ausstattung und Unterbringung	Atmosphäre/Image	Preislage
gut gelegen ruhig nah			

5. Bitte hören Sie zu. Wer spricht hier mit wem in welcher Situation?

○ Guten Tag! Wir möchten ein Doppelzimmer hier in der Nähe, für eine Nacht.
● Da wäre das Hotel Krone, es liegt sehr zentral, nicht weit von hier.
○ Ja, und wie hoch ist da der Preis mit Dusche?
● 185 Mark mit Frühstück.
○ Das ist uns aber zu teuer!
● Wir können es dann bei der Pension Stern probieren. Die ist billiger, 90 Mark. Soll ich für Sie anrufen?
○ Ja, bitte. . . .
● In Ordnung. Das ist ein bißchen weiter weg, aber Sie können auch zu Fuß hingehen.

6. Bitte empfehlen Sie ein Hotel.

I

○ Grüß Gott. Ich möchte drei Tage hierbleiben. Können Sie mir bitte etwas empfehlen, ein Hotel, eine Pension . . .

● . . . .

○ Ich möchte lieber ruhiger wohnen.

● . . . .

○ Ja, und wie teuer ist ein Einzelzimmer mit Frühstück?

● . . . .

○ Ich wollte eigentlich weniger ausgeben.

● . . . .

Hotel-Name	Lage	EZ/ÜF
Hotel König	zentral	110,–
Pension Adler	ruhig	80,–
Gasthof Lamm	am Wald	55,–

7. Bitte hören Sie zu.

P

○ Guten Abend, haben Sie noch ein Doppelzimmer frei?
● Leider nicht, wir sind voll belegt. Aber in unserem Hotel „Riviera" ist bestimmt noch etwas frei.
○ Und wo liegt das, bitte?
● Nur 5 Minuten zu Fuß von hier. Es ist nicht an der Promenade, aber doch zentral, und auch billiger.
○ Wieviel kostet da ein Doppelzimmer mit Dusche?
● Mit Frühstück 90 Mark.
○ Ja, das geht. Können Sie uns dort anmelden?
● Ja, ich kann sofort anrufen. Wie ist Ihr Name, bitte?
○ Bauer. . . .
● In Ordnung. Sie haben Zimmer Nr. 34. Kommen Sie, ich zeige Ihnen den Weg zum „Riviera".

8. Bitte ergänzen Sie.

Herr _____ ist am _____ im Hotel angekommen. Das Hotel ist leider
_____ _____. Der Portier nennt ihm ein anderes _____.
Es liegt nicht _____ _____ _____, dafür ist es etwas _____.
Das _____ mit _____ kostet _____ _____.
Der Portier ruft das Hotel „Riviera" an und _____ das Zimmer Nr. _____.
Dann zeigt er dem Touristen den _____ zum Hotel.

9. Sie haben kein Zimmer mehr frei und empfehlen ein anderes Hotel. Bitte schreiben Sie einen Dialog.

P

Gruß
Zimmer frei?

Nein!
Aber . . .

Wo?

. . .

Wieviel?

. . .

OK!

Name?

. . .

OK!
Weg

10. Bitte hören Sie zu.

Rb

○ Guten Tag! Ich muß am 27. April in Zürich übernachten. Können Sie mir bitte ein Einzelzimmer reservieren?
● Wollen Sie im Zentrum wohnen?
○ Nein, besser am Stadtrand, am liebsten nicht weit von der Autobahn.
● Wir haben da das Hotel Rex, direkt an der Autobahn, oder den Gasthof Springli, abgelegener, aber ruhiger und auch billiger.
○ Ich würde dann lieber den Gasthof nehmen. Was kostet ein Einzelzimmer mit Frühstück?
● 80 Schweizer Franken.

11. Bitte notieren Sie die Wünsche des Kunden.

Termin:

Ort:

Arrangement:

Lage:

12. Was sagen hier Kunde und Angestellte(r)? Bitte schreiben Sie einen Dialog.

Sie suchen ein Doppelzimmer in einem Wintersportzentrum für eine Woche.
Das Hotel soll nicht weit von den Pisten, die Atmosphäre ungezwungen, der Preis nicht zu hoch sein.
Sie möchten aber auch Unterhaltungsmöglichkeiten.

Empfehlen Sie dem Touristen zuerst das Hotel Kristall (sehr ruhig), dann den Gasthof Hirsch (familiär) und dann das Hotel Jägerhof (sportlich).

Hotel-Name	DZ mit Bad/ÜF
Hotel Kristall	124,–
Hotel Jägerhof	98,–
Gasthof Hirsch	70,–

49

a Die Kategorie eines Hotels angeben

Unser Haus ist ein 1-/2-/3-/4-/5-Sterne-Hotel.

Unser Hotel hat | einen Stern.
                | zwei/drei/vier/fünf Sterne.

Unser Hotel gehört zur | gehobenen Kategorie.
                    | Luxuskategorie.

b Hotelausstattung und -leistungen beschreiben

Unser Hotel | liegt . . .
            | ist . . .
            | hat . . .
            | befindet sich . . .

Bei uns | können Sie . . .
Hier im Hause | kann man . . .
In unserem Hotel | wohnen Sie . . .
                   | gibt es . . .
                   | haben Sie | die Möglichkeit . . .
                   | besteht
                   | können Sie über . . . verfügen.

Unser . . . ist mit . . . ausgestattet.
Alle Zimmer haben . . .
Zu unserem Hotel | gehören . . .
Zur Ausstattung |
Zur Zimmereinrichtung zählen . . .

c Zimmer anbieten/vermitteln

Wir | haben . . .
     | hätten . . .

Da | haben wir . . .
    | ist . . .

Versuchen | Sie es doch bei . . .
Probieren |

Sie können (eventuell) . . .
Gehen Sie doch . . .
Bei . . . finden Sie sicher noch etwas.

d **Was kann man sagen, wenn im Hotel kein Zimmer frei ist?**

Es tut mir leid.
Wir haben leider kein Zimmer mehr frei.

Leider	sind wir	voll	belegt.
	ist das Hotel	völlig	besetzt.
		ausgebucht.	

e **Angebote vergleichen**

Das Hotel X	ist	nicht so . . . wie	das Hotel Y.
Zimmer . . .		ebenso . . . wie	Zimmer . . .
		genauso . . . wie	
		weniger . . . als	
		(ruhig)er als	

Informationen über Hoteldienstleistungen· Reklamationen

Klimaanlag

Bett

Kühlschran

ausruhen

0. Hotelzimmer: Was fällt Ihnen dazu noch ein?

Piktogramme

1. Was bedeuten diese Zeichen? Bitte finden Sie zu jedem Piktogramm die entsprechende Bezeichnung.

1 Außenschwimmbad
2 Aussichtsrestaurant
3 Autoverleih
4 Bar
5 Diskothek
6 Fahrstuhl
7 Fernseher im Zimmer
8 Fernsehraum
9 Friseur im Hotel
10 Garage
11 Garten/Parkanlage
12 Hallenbad

13 Kegelbahn
14 Kinderbecken
15 Kinderbetreuung/Spielraum
16 Klimaanlage
17 Konferenzraum
18 Kuranwendungen
19 Liegewiese
20 Parkplatz
21 Privatstrand
22 Radio im Zimmer
23 Reiten
24 Ruhige Lage

25 Sauna
26 Segeln
27 Solarium
28 Sonnenterrasse
29 Spielplatz
30 Telex
31 Tennisplatz
32 Wasserball
33 Windsurfschule
34 Zentrale Lage
35 Zimmertelefon

2. Bitte lesen Sie diese Prospekt-Beschreibung eines Hotels.

FUERTEVENTURA

Hotel
■ ■ ■ Los Gorriones

Ort: Strand von Playa Barca.
Lage: Zwischen Gran Tarajal u. Morro Jable, etwas erhöht, an einem 500 Meter breiten und kilometerlangen Strandgebiet, das je nach Gezeiten, wattmeerähnlich von Prielen durchzogen ist.
Entfernung zum Flughafen ca. 80 km, nach Jandia etwa 20 km.
Ausstattung: 8 Etagen, 3 Aufz., geschmackvolle Einrichtung: große Halle mit Sitzecken, Salons, TV-Raum, Pianobar (teilweise Tanz mit Kapelle), Restaurant mit Blick auf das Meer, Frühstücksterrasse, à-la-carte Restaurant. Im Erdgeschoß kleine Ladengalerie, Friseur, Diskothek und Autoverleih.
Gepf. Gartenanlage mit heizb. Swimmingpool, Sonnenterrasse mit Liegen, Poolbar. Für die kleinen Gäste Kinderbecken und Spielplatz.
Unterbringung: Gut ausgest. Zimmer mit Sitzecke, Dusche, Bad, WC, Telefon u. Balkon.
Sport: 2 Tennisplätze, CIS-Windsurfschule (u.a. Boards Competition, Club, Kailua, Tarifa, F2-Strato, F2-Comet), Tischtennis, Volleyball, Wasserball, verschiedene Freizeitspiele wie Badminton, Beachball, Schwimmkurse, Turniere. Das Sportprogramm wird durch den Club Intersport durchgeführt.
CIS-Windsurfpaß: Brettbenutzung, Anzug, Schwimmweste, Trapez, 2 Std. Einführungskurs. 1 Woche DM 250,–; 2 Wochen DM 470,–
Einführungs- und Grundkurs Surfen:
10 Std. Unterricht in Theorie u. Praxis mit maximal 5 Personen, Theorieheft, inklusive Diplom- und Prüfung DM 250,–
Fortgeschrittenenkurs Surfen DM 180,–
Funboardkurs DM 180,–
Tennis pro Std. Pts. 600, Privatstd. Pts. 1200.
Surfen Brettmiete pro Std. Pts. 1000.
Im Preis eingeschlossen: Morgengymnastik, Jogging mit Sportlehrer, Volleyball, Wasserball, Fußball.
Unterhaltung: Unterhaltungsprogramm durch Hotelanimateure.
Essen: Frühstückbuffet, alle Mahlzeiten als Selbstbedienungsbuffet.
Info: Ein abgeschieden geleg. Strandhotel.
Extra: Festessen an Weihnachten und Sylvester im Preis eingeschlossen.

3. a Welche Räume und Anlagen stehen dem Gast im Hotel „Los Gorriones" zur Verfügung? Was tun dort Gäste und Personal?
Bitte notieren Sie.

	Gast	Personal
Innenräume	warten	empfangen
Halle	sich erkundigen	begrüßen
	sich eintragen	eintragen
	sich anmelden	Informationen erteilen
		telefonieren
		Notizen machen
		Formulare ausfüllen
		Koffer tragen
		sauber halten
Anlagen im Freien	sitzen	
Gartenanlage	liegen	
	spazierengehen	
Swimmingpool		

b Welche Sportmöglichkeiten bietet das Hotel an?
Bitte notieren Sie.

4. Bitte beschreiben Sie das Hotel „Bellevue", seine Räumlichkeiten und Anlagen.

HOTEL „Bellevue"

*Das bietet Ihnen unser Haus auf den
verschiedenen Etagen:*

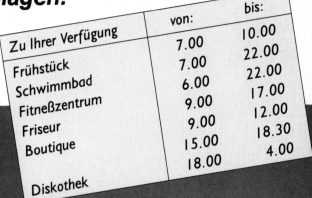

Zu Ihrer Verfügung	von:	bis:
Frühstück	7.00	10.00
Schwimmbad	7.00	22.00
Fitneßzentrum	6.00	22.00
Friseur	9.00	17.00
Boutique	9.00	12.00
	15.00	18.30
Diskothek	18.00	4.00

*4. Stock: Aussichtsrestaurant – Sonnenterrasse
– Toiletten – Lift*
3. Stock: Zimmer – Toiletten – Lift
2. Stock: Zimmer – Toiletten – Lift
*1. Stock: Frühstücksterrasse – ein Restaurant
– Fernsehraum – zwei Konferenzräume (groß/klein) – Lift*
Erdgeschoß: *Boutique – Friseur – Bar – Sekretariat –
Direktion – Halle – Empfangsdesk – Toiletten – Lift*
I. UG: *Fitneßzentrum – Hallenbad – Sauna —
Solarium – Diskothek – Lift*
2. UG: *Garage – Lift*
Außenanlagen: *Außenschwimmbad – Tennisplatz –
Parkplatz – Garten – Spielplatz – Liegewiese*

5. Bitte hören Sie zu.

P

○ Entschuldigung, wo ist die Frühstücks-
terrasse?
● Im 1. Stock. Mit dem Lift hier rechts
kommen Sie direkt dorthin.
○ Kann man schon frühstücken?
● Selbstverständlich, von 7 bis 10 Uhr.

6. Bitte hören Sie zu.

○ Bitte, wo ist der Tennisplatz?
● Gehen Sie dort durch die große Glastür.
Da sehen Sie rechts das Schwimmbad.
Hinter dem Zaun ist der Tennisplatz.
○ Ob der jetzt frei ist?
● Ich sehe mal nach . . .
Ja, im Moment ist er frei. Am besten
melden Sie sich aber nächstes Mal
vorher bei mir an!

7. Sie sind Portier im Hotel Bellevue. Bitte geben Sie Auskunft.

P

" Entschuldigen Sie, wo ist die Diskothek? ""

" Bitte, wo ist das große Konferenzzimmer? ""

"...

" Entschuldigung, ist hier ein Spielplatz? ""

" Entschuldigen Sie, die Öffnungszeiten des Schwimmbads? ""

" Verzeihung, wann hat der Friseurladen auf? ""

" Die Toilette? ""

" Entschuldigung, wo kann ich hier fernsehen? ""

" Wo bekomme ich bitte Briefmarken? ""

" Entschuldigung, kann man hier irgendwo Spezialitäten kaufen? ""

" Kann ich hier Ansichtskarten bekommen? ""

"...

8. Bitte hören Sie zu.

Z

- ● Zimmerservice?
- ○ Guten Tag, ich habe vor einer halben Stunde das Frühstück aufs Zimmer bestellt und habe es noch nicht bekommen!
- ● Oh, das tut mir leid. Welche Zimmernummer haben Sie?
- ○ 435.
- ● Und was hatten Sie bestellt?
- ○ Kaffee, Toast, Butter, Honig und ein 4-Minuten-Ei.
- ● Können Sie einen Moment warten? Ich werde mich mal erkundigen.
- ○ Ja, bitte.
- ● Verzeihung, das haben wir übersehen. Ihr Frühstück kommt sofort.

9. Welche Nummer hat der Gast gewählt? Warum?

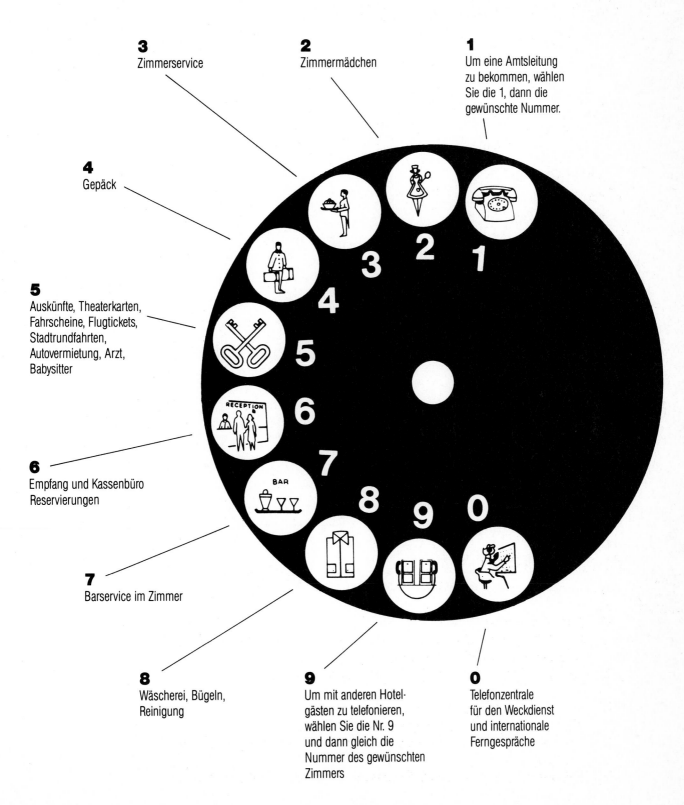

3
Zimmerservice

2
Zimmermädchen

1
Um eine Amtsleitung
zu bekommen, wählen
Sie die 1, dann die
gewünschte Nummer.

4
Gepäck

5
Auskünfte, Theaterkarten,
Fahrscheine, Flugtickets,
Stadtrundfahrten,
Autovermietung, Arzt,
Babysitter

6
Empfang und Kassenbüro
Reservierungen

7
Barservice im Zimmer

8
Wäscherei, Bügeln,
Reinigung

9
Um mit anderen Hotel-
gästen zu telefonieren,
wählen Sie die Nr. 9
und dann gleich die
Nummer des gewünschten
Zimmers

0
Telefonzentrale
für den Weckdienst
und internationale
Ferngespräche

10. Bitte hören Sie zu und ergänzen Sie.

W

○ Ich habe 3 Hemden, eine Hose und eine Krawatte zur _____ geschickt.
Ich habe heute morgen die Hemden und die Hose _____. Die _____
_____ aber. Ich habe das _____
sofort informiert, aber _____ _____ habe noch nichts gehört.

● Das war sicher ein _____. Wir werden es _____.
Wann haben Sie die Krawatte abgegeben?

○ Das war _____.

● Und welche _____ hatte die Krawatte?

○ Rot, blau, _____ gestreift.

● Wie ist Ihr Name?

○ Hinz.

● Sicher ist das Etikett mit dem _____ verlorengegangen. Wir werden Ihnen
_____ _____ geben, Herr Hinz. Inzwischen bitten wir Sie um
_____. Auf Wiederhören!

11. Welche Reaktion/en paßt bzw. passen zu welcher Beschwerde?

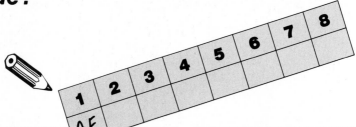

1	Hier fehlt die Seife.	**A**	Tut mir leid. Wir bringen sie sofort.
2	Ich habe keine Handtücher.	**B**	Ist keine im Schrank?
3	Entschuldigung, der Wasserhahn tropft.	**C**	Oh, tut mir leid. Sie bekommen sofort welche.
4	Ich brauche noch eine Decke, bitte.	**D**	Wir schicken sofort jemand.
5	Die Toilette ist nicht in Ordnung.	**E**	Es kommt sofort ein Elektriker.
6	Die Nachttischlampe brennt nicht.	**F**	Entschuldigung, die kriegen Sie gleich.
7	Im Schrank sind keine Kleiderbügel.	**G**	Wir werden jemand schicken.
8	Entschuldigen Sie, aber die Klimaanlage funktioniert nicht.	**H**	Wir schicken das Zimmermädchen sofort.
		I	Wir rufen gleich den Installateur.

12. Sie arbeiten in der Wäscherei. Bitte nehmen Sie das Telefongespräch entgegen.

W

● ....

    ○ Ich habe meinen Anzug bügeln lassen.
         Er sollte heute um 10 Uhr schon da sein.

● ....

    ○ Hartung, Zimmer Nr. 210.

● ....

    ○ Ja, bitte.

● ....

    ○ Ist schon in Ordnung. Besten Dank!

a Ortsangaben im Hotel machen

Die Sauna . . .	ist	im	Erdgeschoß. Untergeschoß. Stock.		Die	erste zweite	Tür	links. rechts.
		ersten zweiten						
			. . .					
		in der	ersten zweiten	Etage.				

Gehen Fahren	Sie	zum	ersten	Stock.	Benutzen Sie die Treppe!		
		zur	ersten zweiten	Etage.	Sie können den	Lift Fahrstuhl Aufzug	nehmen. benutzen.
		nach	oben. unten.				

b Zeitangaben machen

(Das) Frühstück (Das) Mittagessen (Das) Abendessen	ist gibt es	von . . . bis . . . um . . . ab . . .
Frühstücken Mittagessen Abendessen	können Sie	

Sie bekommen Ihr . . . in . . .	Minuten! Stunden!

Versuchen Sie es noch einmal zwischen . . . und . . . !

c Bedauern ausdrücken

Entschuldigung!
Verzeihung!

Entschuldigen	Sie!
Verzeihen	

Tut mir (wirklich) leid!
Ich bedaure (sehr)!
Leider . . .

Das	ist aber unangenehm! war sicher ein Versehen!

d Auf Beschwerden im Hotel reagieren

Das geht schon in Ordnung.
Sie bekommen sofort Ihr . . .

Wir	schicken	Ihnen	sofort	jemand.	
	werden			ein	schicken.
				Bescheid geben.	

Wir werden	das	sofort	nachprüfen.
	die Sache		klären/regeln.
	der Sache		nachgehen.

Ich werde mich persönlich darum kümmern.
Sie können sicher sein, daß . . .
Seien Sie sicher, wir werden . . .
Wir bitten Sie um Verständnis.

Telefonservice
im Hotel

NAME	W/T/F	4^{30}	5^{00}	5^{15}	5^{30}	5^{45}	6^{00}	6^{15}	6^{30}	6^{45}	7^{00}	7^{15}	7^{30}	7^{45}	8^{00}	8^{15}	8^{30}	8^{45}	9^{00}	Bemerkungen
Schuster	W								12											

Hotel Schloß Mönchstein — Weck- und Taxiliste — Donnerstag 11.7.

0. Wozu dient das Formular? Was bedeuten hier W, T und F? Und was bedeutet die Nummer 12?

1. Bitte hören Sie jetzt zu.

T

● Guten Abend!
○ Guten Abend! Können Sie mich morgen um halb sieben wecken?
● Selbstverständlich. Ihr Name, bitte?

○ Schuster, Zimmer 12.
● In Ordnung. Also morgen um 6 Uhr 30.
○ Ja, danke. Auf Wiederhören!
● Auf Wiederhören!

2. Bitte hören Sie zu und tragen Sie die Wünsche der Gäste ins Formular ein.

a

● Ja, bitte?
○ Guten Abend! Mein Name ist . . . . .
Ich möchte morgen um . . . . . geweckt werden.
● Ihre Zimmernummer, bitte?
○ . . . . .
● In Ordnung.

○ Und bitte bestellen Sie auch ein Taxi für . . . . .
● Wecken um . . . . . und Taxi um . . . . . Ja, gerne.
○ Vielen Dank! Auf Wiederhören!
● Auf Wiederhören!

b

● Ja, bitte?
○ Grüß Gott! Würden Sie mich bitte morgen um . . . . . wecken?
● Ja. Ihre Zimmernummer und Ihr Name, bitte?
○ . . . . .
● Wollen Sie auch . . . . . ?
○ Ja, bitte, ... für zwei, Orangensaft und ein Ei.

● Wie soll das Ei sein?
○ Weich gekocht, bitte. – Könnten Sie mir auch ein . . . . . bestellen?
● Geht in Ordnung.
○ Danke. Gute Nacht.
● Gute Nacht.

3. Sie haben Ihre Notizen. Jetzt spielen Sie Gast und Portier.

4. Welche Telefongespräche hören Sie? Streichen Sie bitte die Namen der Gäste.

T

a
○ Ja!?
● Guten Morgen! Es ist _____
○ Danke schön!

b
○ _____?
● Guten Morgen! Sie wollten um _____ geweckt werden!
○ Ja, danke schön!

c
○ Hallo!
● Guten Morgen, Herr _____!
Es ist _____
○ Danke!

Weinberger 8.00
Lechner 7.45
Herrmann 8.15
Klamm 7.30
Lehmann 7.15
Gerrmann 8.30
Winterberger 6.45

5. Bitte hören Sie zu und kreuzen Sie nur die richtigen Aussagen an.

Herr Becker möchte ein Zweibettzimmer mit zusätzlichem Bett.   **1** ☐

Das Hotel „Madeleine" ist für die gewünschte Zeit ausgebucht.   **2** ☐

Herr Becker soll eine Anzahlung vornehmen.   **3** ☐

Das Gespräch ist eine telefonische Reservierung.   **4** ☐

6. Bitte hören Sie das Gespräch noch einmal und notieren Sie die Reservierung.

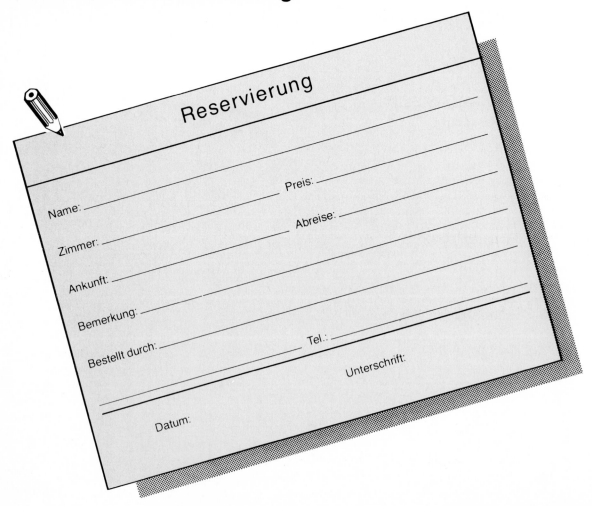

Reservierung

Name: _____   Preis: _____

Zimmer: _____   Abreise: _____

Ankunft: _____

Bemerkung: _____

Bestellt durch: _____   Tel.: _____

Unterschrift: _____

Datum: _____

7. Sie sind Empfangschefin des Hotels Miramare. Bitte telefonieren Sie.

T

● . . . .

○ Guten Tag! Ich möchte mit meiner Familie zwei Wochen im Juli bei Ihnen verbringen. Haben Sie noch zwei Zimmer frei?

● . . . .

○ Vom 16. bis zum 30. Juli.

● . . . .

○ Eins mit und eins ohne Bad. Können Sie mir den Preis für Halbpension sagen?

● . . . .

○ Ja, das wären dann insgesamt 120.000 Lire pro Tag. – Ist gut!

● . . . .

○ Manfred Riedl.

● . . . .

○ Richard, Ida, Emil, Dora, Ludwig.

● . . . .

○ Regnitzstraße 12, Coburg.

● . . . .

○ Ich weiß noch nicht. Ich rufe Sie ein paar Tage vorher noch einmal an.

● . . . .

8. Bitte hören Sie zu und kreuzen Sie an.

	Richtig	*Falsch*
Herr Bienek reserviert ein Einzelzimmer mit Bad.	☐	☐
Er kommt einen Tag später.	☐	☐
Er wird zwei Tage bleiben.	☐	☐
Er bittet um Annullierung seiner Reservierung.	☐	☐
Herr Bienek hatte geschrieben, daß er um 18 Uhr eintrifft.	☐	☐

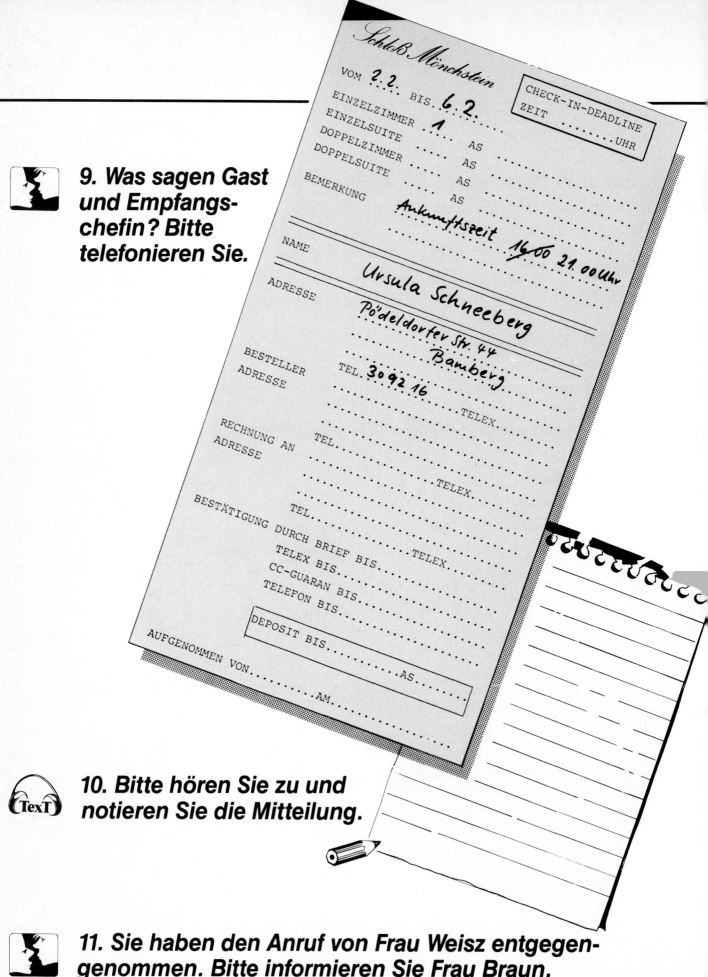

9. Was sagen Gast und Empfangschefin? Bitte telefonieren Sie.

Schloß Mönchstein

VOM **2.2.** BIS. **6.2.**

CHECK-IN-DEADLINE
ZEIT .... UHR

EINZELZIMMER **1** AS ....
EINZELSUITE AS ....
DOPPELZIMMER AS ....
DOPPELSUITE AS ....

BEMERKUNG AS ....

Ankunftszeit 16/00 21.00 Uhr

NAME

Ursula Schneeberg

ADRESSE

Pö'deldorfer Str. 44
Bamberg

BESTELLER
ADRESSE TEL. *30 92 16*
.... TELEX ....

RECHNUNG AN
ADRESSE TEL. ....
.... TELEX ....

TEL. ....
BESTÄTIGUNG DURCH BRIEF BIS. .... TELEX ....
TELEX BIS. ....
CC-GUARAN BIS ....
TELEFON BIS ....

DEPOSIT BIS. ....

AUFGENOMMEN VON. .... AS. ....

.... AM. ....

10. Bitte hören Sie zu und notieren Sie die Mitteilung.

11. Sie haben den Anruf von Frau Weisz entgegengenommen. Bitte informieren Sie Frau Braun.

12. *Bitte telefonieren Sie und machen Sie eine Notiz.*

T
●
○ Guten Tag, kann ich Herrn Wenzel
sprechen?

●
○ Sagen Sie ihm bitte, er möge
Herrn Steglitz im Büro anrufen.
Die Telefonnummer ist 5 93 20 04.
Ich bin bis 19 Uhr da.

●
○ Bei mir zu Hause. Die Nummer
hat er.

●
○ Vielen Dank! Auf Wiederhören!

●

Hotel Schloß Mönchstein

★ ★ ★ ★
5020 SALZBURG · Am Mönchsberg 26 · AUSTRIA
Telefon 0 66 2 / (8)41 36 30, (8)41 3 66 Telex 632080

GÄSTENACHRICHT · MESSAGE

☐ Besuch - Visit
Für Fr./Hr. - For Mrs./Mr.   ☐ Anruf - Call

Frau/Herr - Mrs./Mr. ....
.... #

Firma - Company ....

Adresse - Address ....

Tel. ....

Betrifft - Refer.: .... Tx. ....

☐ Erbittet Rückruf - Please call back
☐ Ruft wieder an um - Calls again at
☐ Kommt wieder um - Returns at
☐ Besucht Sie wieder um - Visits again at

Reception ....

Datum - Date ....

.... Zeit - Hour ....

13. *Bitte hören Sie jetzt zu und notieren Sie die Mitteilung.*

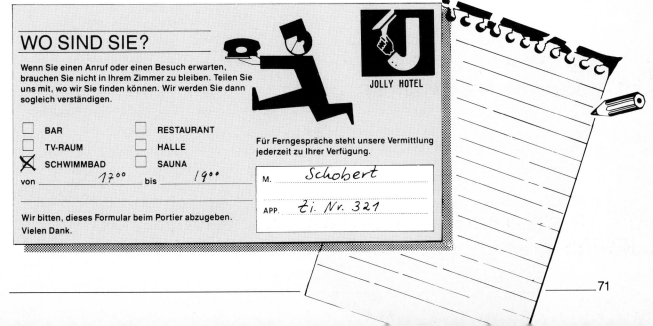

WO SIND SIE?

Wenn Sie einen Anruf oder einen Besuch erwarten,
brauchen Sie nicht in Ihrem Zimmer zu bleiben. Teilen Sie
uns mit, wo wir Sie finden können. Wir werden Sie dann
sogleich verständigen.

☐ BAR   ☐ RESTAURANT
☐ TV-RAUM   ☐ HALLE
☒ SCHWIMMBAD   ☐ SAUNA
von ___17⁰⁰___ bis ___19⁰⁰___

JOLLY HOTEL

Für Ferngespräche steht unsere Vermittlung
jederzeit zu Ihrer Verfügung.

M. *Schobert*

APP. *Zi. Nr. 321*

Wir bitten, dieses Formular beim Portier abzugeben.
Vielen Dank.

14. Frau Heidert wird von einem Herrn am Telefon verlangt. Bitte nehmen Sie das Telefongespräch entgegen und informieren Sie dann Frau Heidert.

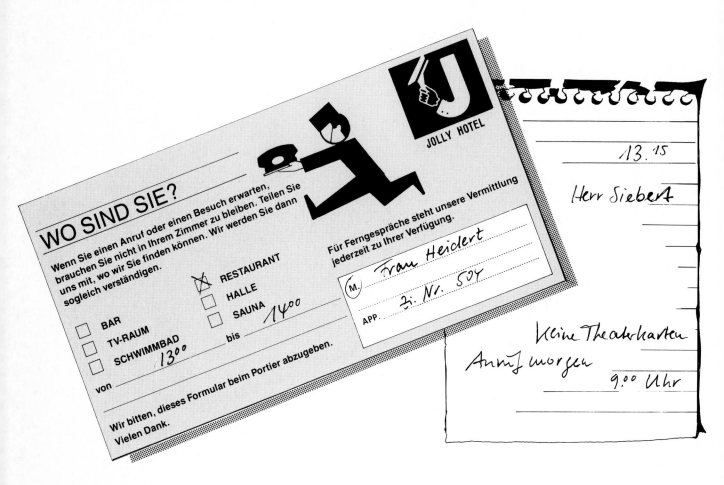

15. Bitte hören Sie zu.

16. Was ist hier geschehen?

a _____

b _____

c _____

d _____

a Sich am Telefon melden

| Hotel XY, | (Rezeption,) guten Tag! |
| Pension XY, | |

Hier (ist) Hotel XY, Schulze, guten Tag!
Guten Tag, hier Schulze, Hotel XY.

b Telefonate vermitteln

Augenblick,	ich verbinde	(weiter)!	Bleiben Sie bitte am Apparat!
Moment,		Sie mit . . .	
	ich stelle (Sie) durch zu		Ihr Gespräch aus Deutschland, bitte!

Ich gebe Ihnen meinen Kollegen/meine Kollegin.

c Sich entschuldigen, wenn man falsch verbunden ist

Entschuldigung,	ich	habe mich verwählt.
Entschuldigen Sie,		bin falsch verbunden.
Verzeihen Sie,		
Verzeihung,		

d Eine Person am Telefon verlangen

Ich möchte gern	Herrn . . .	sprechen.
Kann ich	Frau . . .	sprechen?
	Fräulein . . .	

Ist	Herr . . .	da?
	Frau . . .	zu sprechen?
	Fräulein . . .	

Können Sie mich bitte mit	Herrn . . .	verbinden?
	Frau . . .	
	Fräulein . . .	

e Nach dem Namen des Anrufers/Angerufenen fragen

Mit wem	spreche ich,	bitte?	Ihr Name,	bitte?
	habe ich gesprochen,		Wie ist Ihr Name,	
			Wie war Ihr Name,	

f Was kann man sagen, wenn man keine Verbindung bekommt?

Ich bekomme keine Verbindung.

| Die Nummer | ist | leider | besetzt. |
| Es | | immer noch | belegt. |

Die Leitung ist	besetzt.
	belegt.
	gestört.
	nicht frei.

Unter der Nummer	meldet sich niemand.
Da	
Es	

Soll ich es später nochmal versuchen?

g Was kann man sagen, wenn die gewünschte Person nicht da ist?

Tut mir leid,	Herr . . .	ist im Moment	nicht	da.
	Frau . . .		noch nicht	
	Fräulein . . .		nicht mehr	
			nicht erreichbar.	
			außer Haus.	

| Rufen Sie bitte | später noch einmal | an. |
| | in 10 Minuten wieder | |

h Was kann man sagen, wenn die Verbindung gestört ist?

Wie bitte?
Hallo?

Könnten Sie bitte etwas	lauter	sprechen?
	langsamer	
	deutlicher	

Die Verbindung ist schlecht.

| Ich kann Sie nur schlecht | hören. |
| | verstehen. |

Ich	höre	Sie nicht gut.
	verstehe	Sie sehr schlecht.
		nichts mehr.

| Können Sie das bitte | wiederholen? |
| | noch einmal sagen? |

i Das Hinterlassen einer Nachricht anbieten

| Wollen | Sie eine Nachricht hinterlassen? |
| Möchten | |

Soll ich	ihm	etwas	ausrichten?
Kann ich	ihr		sagen?
	ihnen		bestellen?

j Eine Nachricht hinterlassen

| Können Sie | ihm
ihr
ihnen | bitte | sagen,
ausrichten,
bestellen, | daß . . . ? | Herr . . . | soll
möchte | bitte zurückrufen. |

Ich habe die Nummer . . . , Vorwahl . . . .
Meine Telefonnummer ist . . . .

| Sagen | Sie | ihm
ihr
ihnen | bitte
nur
aus | , daß . . . |
| Richten |

k Eine Nachricht (für einen Gast) entgegennehmen

Ja, gern.
Mache ich.
In Ordnung.

| Ja,
Gut, | ich werde | ihn
sie | gleich | informieren.
benachrichtigen
verständigen. |

| Das werde ich | ihm
ihr
ihnen | heute selbst | sagen.
ausrichten. |

l Sich am Telefon verabschieden

Vielen Dank!
Auf Wiederhören!
Auf Wiedersehen!

| Bis | morgen!
nächste Woche! |

m Sagen, wieviel Uhr es ist

Es ist . . .

7:00	sieben Uhr.	Punkt 7 / genau 7.
7:05	sieben Uhr fünf.	5 nach 7.
7:10	sieben Uhr zehn.	10 nach 7.
7:15	sieben Uhr fünfzehn.	Viertel nach 7 / Viertel acht.
7:20	sieben Uhr zwanzig.	20 nach 7 / 10 vor halb 8.
7:25	sieben Uhr fünfundzwanzig.	5 vor halb 8.
7:30	sieben Uhr dreißig.	halb 8.
7:35	sieben Uhr fünfunddreißig.	5 nach halb 8.
7:40	sieben Uhr vierzig.	10 nach halb 8 / 20 vor 8.
7:45	sieben Uhr fünfundvierzig.	Viertel vor 8 / Dreiviertel acht.
7:50	sieben Uhr fünfzig.	10 vor 8.
7:55	sieben Uhr fünfundfünfzig.	5 vor 8.

Rundfahrten, Reisen, Leihwagen, kulturelle Angebote vermitteln

0. Rundfahrten: Was fällt Ihnen dazu noch ein?

Mahlzeiten	Verkehrsmittel	Verkehrswege	Sehenswürdigkeiten	Urlaubsprogramm
Frühstück	*Bus*	*Allee*	*Altstadt*	*Bootsfahrt*

1. Lesen Sie die Texte zu den Wien-Rundfahrten 1–4 und tragen Sie passende Begriffe aus den Texten in die Liste oben ein. *(Sie können auch ein Wörterbuch benutzen.)*

GROSSE STADTRUNDFAHRT
mit Schloß Schönbrunn und Belvedere
Tägl. 9.30 Uhr, 10.30 Uhr und 14.30 Uhr–
Dauer ca. 3 Stunden

Tour 1

Gewinnen Sie einen umfassenden Eindruck über die historisch bedeutendsten Sehenswürdigkeiten Wiens. Wir führen Sie über die Ringstraße mit ihren Prachtbauten, wie der Staatsoper, dem Kunst- und Naturhistorischen Museum, dem Maria-Theresien-Denkmal, dem Parlament, dem Rathaus, dem Burgtheater, der Universität und Denkmälern berühmter Komponisten, Dichter und Künstler, zur Hofburg, der ehemaligen kaiserlichen Winterresidenz, heute das größte internationale Kongreßzentrum der Stadt Wien. Als Höhepunkt erleben Sie die Führung durch einige Prunkräume des Schlosses Schönbrunn, die die ruhmvolle Vergangenheit der Habsburger widerspiegeln. Bei Schönwetter zeigen wir Ihnen im Rahmen eines Spazierganges auch den berühmten Schloßpark. Anschließend bringt Sie unser Bus zum Belvedere, dem Sommerschloß des Prinzen Eugen, von dessen französischen Gärten Sie den Blick über die Wiener Innenstadt genießen. Gegen Ende der Tour führen wir Sie vorbei an der Karlskirche – der schönsten Barockkirche Wiens –, dem Musikverein (Wiener Philharmoniker) zur Oper, wo die Tour endet.

SPANISCHE REITSCHULE
Stephansdom – Altstadt
Von Di. bis Sa. tägl. 9.30 Uhr–Dauer ca. 3 Stunden
An Tagen, an denen die Spanische Reitschule geschlossen ist, findet die Tour nicht statt.

Tour 2

Mit speziell für Sie ausgesuchten Sehenswürdigkeiten und einem kleinen Spaziergang in der Altstadt entdecken Sie einige Kostbarkeiten Wiens. Bei einem Rundgang mit unserem Fremdenführer im Stephansdom, als "Steffl" das Wahrzeichen Wiens, wird für Sie die mehr als tausendjährige Geschichte unserer Stadt wieder lebendig. Dieser Ausflug führt Sie durch die verschiedenen Epochen vom Mittelalter bis zur Gegenwart. Einer der vielen Schätze Wiens ist die Spanische Reitschule, wo Sie in der barocken Reithalle das Training der weltberühmten Lipizzaner sehen. Hier wird noch mit viel Liebe die Tradition der Hohen Schule gepflegt. Mit der Besichtigung des Prunksaales der weltberühmten Nationalbibliothek und einer Rundfahrt, die Sie zu weiteren markanten Punkten Wiens wie Justizpalast, Messepalast, Secession, Karlsplatz mit Karlskirche, Musikverein (Wiener Philharmoniker), Schwarzenbergplatz mit Hochstrahlbrunnen und Soldatendenkmal, Kärntner Ring bringt, beschließen Sie diese Vormittagstour, die bei der Oper endet. In den Sommermonaten abgeändertes Programm.

PANORAMA MIT DONAU UND UNO-CITY
Kahlenberg – Klosterneuburg
Tägl. 9.30 Uhr und 14.30 Uhr – Dauer ca. 3½ Stunden
Vom 1.11. bis 31.3. tägl. 14.30 Uhr

Tour 3

Lernen Sie eine andere Seite Wiens kennen! Als ideale Ergänzung zur Großen Stadtrundfahrt sehen Sie das weltberühmte Riesenrad im Wiener Prater und überqueren dann die blaue Donau. Anschließend zeigen wir Ihnen die neuerbaute, architektonisch hochinteressante UNO-City. Danach gelangen Sie durch alte Wiener Vororte, deren Geschichte eng mit dem Wirken großer Komponisten verbunden ist (Schuberts Geburtshaus. Wohnstätten Beethovens und Lehárs), zum Stift Klosterneuburg (1114). Hier besichtigen Sie die bekannte Kostbarkeit des Klosters, den Verduner Altar und fahren dann über die Höhenstraße zur Aussichtsterrasse des Kahlenbergs, um den herrlichen Blick auf die Hügel des Wienerwaldes, die Donau und das Häusermeer Wiens zu genießen. Die Rückfahrt erfolgt durch die romantische Heurigendörfchen Grinzing, vorbei an der Votivkirche, dem Michaelertor zur Wiener Staatsoper, wo die Tour endet. Bei unseren Vormittagstouren bringen wir Sie zusätzlich von Montag bis Freitag in eine Petit-Point-Manufaktur, wo Sie die Entstehung und Fertigung dieser bekannten Handarbeit sehen können. Im Winter abgeändertes Programm.

WIENERWALD – MAYERLING
Heiligenkreuz – Seegrotte
Tägl. 9.30 Uhr und 14.30 Uhr – Dauer ca. 4 Stunden
Vom 1.11. bis 31.3. tägl. 9.30 Uhr

Tour 4

Ein Halbtagesausflug, der Ihnen nicht nur die herrliche Umgebung Wiens zeigt, sondern auch einige besonders reizvolle Sehenswürdigkeiten des Wienerwaldes. Die Burg Liechtenstein, die alte Römer- und Thermalstadt Baden, das romantische Helenental und das ehemalige Jagdschloß Mayerling, (heute eine Gedächtniskapelle) wo Kronprinz Rudolf, der einzige Sohn Kaiser Franz Josephs, 1889 mit Baronesse Vetsera ein tragisches Ende fand. Im alten Zisterzienserstift Heiligenkreuz (1135) besichtigen Sie den gotischen Kreuzgang mit der Grabstätte des letzten Babenbergers. Vorbei an der Höldrichsmühle, wo Franz Schubert das Lied "Am Brunnen vor dem Tore" komponierte, führt unser Weg zur Seegrotte bei Mödling. Nach einer Bootsfahrt auf dem größten unterirdischen See Europas verlassen Sie den Wienerwald und fahren zurück nach Wien, wo unsere Tour auch diesmal bei der Oper endet.

2. Bitte hören Sie zu:
Welche Rundfahrt wird empfohlen?

3. Sie sind Angestellte in einem Reisebüro und beraten einen Kunden. Was sagen Sie?

Rb

○ Grüß Gott. Ich möchte gerne die Spanische Reitschule besichtigen.

● ....

○ Wann findet die Tour statt?

● ....

○ Wenn ich das gewußt hätte! Da wäre ich doch heute morgen gekommen!

● ....

○ Nur bis Montag. – Können Sie mir denn etwas anderes empfehlen?

● ....

○ Sehr gut, die nehme ich! – Aber die Reitschule hätte mich doch auch sehr interessiert.

● ....

4. Bitte entwerfen Sie nun den Text eines Rundfahrtprogramms für die Stadt, in der Sie leben bzw. arbeiten.

 5. Bitte empfehlen Sie dieses Programm einem deutschsprachigen Touristen.

6. Lesen Sie den Text über eine Budapest-Fahrt aus einem Reiseprospekt.

a Schreiben Sie Wörter und Wendungen auf, die typisch für eine solche Reisebeschreibung im Prospekt sind.

BUDAPEST

1. Tag:
Von unserem Heimatort fahren wir über die Autobahn Salzburg – Mondsee – Wels – Linz – Melk – Wien – Bruck a. d. Leitha – Nickelsdorf – Györ – Tatabanya – zu unserem Hotel nach Budapest. Hotelbeziehen – Abendessen. Anschließend abendliche Rundfahrt mit Weinprobe in einem typisch ungarischen Weinkeller. Übernachtung im Hotel.

2. Tag:
BUDAPEST – Nach dem Frühstück Stadtrundfahrt zu den schönsten und bekanntesten Sehenswürdigkeiten: Heldenplatz – Parlament – Margaretheninsel – Burgviertel mit der Matthiaskirche und der Fischerbastei – Gellertberg mit der Zitadelle. Mittagessen in einem Panorama-Restaurant. Am Nachmittag haben Sie Gelegenheit Budapest auf eigene Faust zu erleben. Am Abend erleben Sie Budapest bei Nacht mit Abendessen und Programm. Übernachtung im Hotel.

3. Tag:
DONAUTAL – Nach dem Frühstück unternehmen wir einen herrlichen Ausflug zum Donautal sowie einen Abstecher in die kleine Puszta, wo wir Pferdevorführungen, Kutschfahrten und Gelegenheit zum Reiten haben werden. Mittagessen in einer Csarda mit Wein und Zigeunermusik. Am Nachmittag Besichtigung der historischen und baulichen Sehenswürdigkeiten dieser Gegend. Abendessen mit Weinprobe und Folklore-Programm in einem ländlichen Restaurant. Übernachtung im Hotel.

4. Tag:
Unsere Heimreise führt uns bis Wien. Mittagessen im Prater. Gegen 15.00 Uhr geht unsere Fahrt auf der Autobahn bis Salzburg zu unserem Heimatort zurück.

Leistungen:
Fahrt mit modernem Fernreisebus. Übernachtung in Zimmern mit DU oder Bad/WC, 2 x Mittagessen, 3 x Abendessen mit Programm, Stadtrundfahrt Budapest und Reiseleiter.

Preis pro Person DM
EZ-Zuschlag **DM 95,-**
Visa **DM 25,-** **485,-**

Abfahrt München Hbf. 6.00 Uhr
Abfahrt Geretsried   6.45 Uhr
Abfahrt Holzkirchen   7.30 Uhr

b **Schreiben Sie nun einen Reiseprospekt für Ihre Stadt und Umgebung, indem Sie die Textlücken füllen.**

_____ **– Reise nach** _____

vom _____

bis zum _____

1. Tag:

Von unserem Heimatort fahren wir über die Autobahn _____

_____ zu unserem Hotel nach

_____ Hotelbeziehen – Abendessen. Anschließend abendliche Rundfahrt mit _____ in

einem _____ Übernachtung im Hotel.

2. Tag:

_____ – Nach dem Frühstück Stadtrundfahrt zu den schönsten und bekanntesten Sehenswürdigkeiten: _____

_____

_____

Mittagessen in einem _____ Am Nachmittag haben Sie Gelegenheit, _____ auf eigene Faust zu erleben. Am Abend erleben Sie _____ bei Nacht mit Abendessen und Programm. Übernachtung im Hotel.

Preis pro Person DM

EZ-Zuschlag **DM** _____

Visa **DM** _____   _____ ,–

3. Tag:

_____ – Nach dem Frühstück unternehmen wir einen herrlichen Ausflug _____ sowie einen Abstecher _____ wo wir ____

_____ Gelegenheit

zu _____ haben werden. Mittagessen in ____

____ mit _____ Am Nachmittag Besichtigung _____

_____ Abendessen

mit _____ in einem

_____ Übernachtung im Hotel.

4. Tag:

Unsere Heimreise führt uns bis ___ Mittagessen in ____ Gegen 15.00 Uhr geht unsere Fahrt auf der Autobahn bis _____ zu unserem Heimatort zurück.

Leistungen:

Fahrt mit modernem Fernreisebus. Übernachtung in Zimmern mit DU oder Bad/WC, 2x Mittagessen, 3x Abendessen mit Programm, Stadtrundfahrt___ _____ und Reiseleiter.

Abfahrt _____ 6.00 Uhr

Abfahrt _____ 6.45 Uhr

Abfahrt _____ 7.30 Uhr

 7. Bitte entwerfen Sie nun selbständig ein mehrtägiges Reiseprogramm für eine andere Gegend in Ihrem Land.

8. Bitte hören Sie zu.

P

9. Bitte ergänzen Sie den Text mit Hilfe des gehörten Gespräches.

Herr Leonard bittet den Portier um _____ von _____ .

Er möchte vier _____ für die _____ für den _____

_____ Abend reservieren. Die Plätze sollen im _____ sein,

möglichst in den ersten _____ und nebeneinander.

Der Portier _____ die Theaterkasse an und _____ die Karten. Am Abend

sagt er dem Gast _____ .

Er hätte vier Plätze in der _____ und fragt den _____ , ob er daran

_____ ist. Herr Leonhard nimmt die Plätze zum _____ von

350,– Schilling und fragt, um wieviel Uhr die _____ beginnt. Er wird die

Karten direkt an der _____ abholen.

10. Bitte lesen Sie dieses Berliner Theaterprogramm.

Oper + Theater-Programm ⭐

	Freie Volksbühne	Theater am Kurfürstendamm	Komödie	Theater des Westens	Junges Theater	Freie Theateranstalt	Kleines Theater
	Schaperstraße 24 ☎ 8 81 37 42 Vorverkauf: täglich 10-14 u. ab 18.30 Uhr U-Bhf. Spichernstraße; Bus: 69	Kurfürstendamm 206 ☎ 8 81 24 89 Vorverkauf: Mo.-Sbd. 10-19, So. 15-19 Uhr U-Bhf. Uhlandstraße; Busse: 9, 19, 29, 60	Kurfürstendamm 206 ☎ 8 82 78 93 Vorverkauf: Mo.-Sbd. 10-19, So. 15-19 Uhr U-Bhf. Uhlandstraße; Busse: 9, 19, 29, 60	Kantstraße 12 ☎ 3 12 10 22 Vorverkauf: Mo.-Sbd. 10-19, So. 15-19 Uhr S- u. U-Bhf. Zoologischer Garten; Busse: 9, 60, 69, 73, 94	Friesenstraße 14 Eingang Schwiebusser Straße; Vorverkauf: ☎ 6 92 87 35 U-Bhf. Platz der Luftbrücke; Busse: 4, 19, 24, 96	Klausener Platz 19 Vorverkauf: 10-13 Uhr nur ☎ 3 21 58 89; Kasse: 18.30-20.30 Uhr Busse: 21, 54, 65, 74, 87	Südwestkorso 64 ☎ 8 21 30 30 Vorverkauf: tel. ab 11, Abendkasse ab 18 Uhr; U-Bhf. Friedrich-Wilhelm-Platz; Busse: 1, 16, 86
1. DO	19.30 Herr Puntila und sein Knecht Matti	20.00 Vorsicht, Trinkwasser	20.00 Micky Maus und Einstein (Premiere)	20.00 Irma la Douce	20.00 Romeo und Jeanette	20.30 Atalanta oder Die Hochzeit des Bartolomeo Ruggieri	Theaterferien
2. FR	19.30 Herr Puntila und sein Knecht Matti	20.00 Vorsicht, Trinkwasser	20.00 Micky Maus und Einstein	20.00 Irma la Douce	20.00 Romeo und Jeanette	20.30 Atalanta oder Die Hochzeit des Bartolomeo Ruggieri	Theaterferien
3. SA	19.30 Herr Puntila und sein Knecht Matti	20.00 Vorsicht, Trinkwasser	20.00 Micky Maus und Einstein	20.00 Irma la Douce	20.00 Romeo und Jeanette	20.30 Atalanta oder Die Hochzeit des Bartolomeo Ruggieri	Theaterferien
4. SO	19.30 Herr Puntila und sein Knecht Matti	20.00 Vorsicht, Trinkwasser	20.00 Micky Maus und Einstein	20.00 Irma la Douce	20.00 Romeo und Jeanette	20.30 Atalanta oder Die Hochzeit des Bartolomeo Ruggieri	Theaterferien
5. MO	Keine Vorstellung	20.00 Vorsicht, Trinkwasser	20.00 Micky Maus und Einstein	Keine Vorstellung	Keine Vorstellung	Keine Vorstellung	Theaterferien
6. DI	19.30 Herr Puntila und sein Knecht Matti	20.00 Vorsicht, Trinkwasser	20.00 Micky Maus und Einstein	20.00 Irma la Douce	20.00 Romeo und Jeanette	20.30 Atalanta oder Die Hochzeit des Bartolomeo Ruggieri	Theaterferien
7. MI	19.30 Herr Puntila und sein Knecht Matti	20.00 Vorsicht, Trinkwasser	20.00 Micky Maus und Einstein	20.00 Irma la Douce	20.00 Romeo und Jeanette	20.30 Atalanta oder Die Hochzeit des Bartolomeo Ruggieri	Theaterferien
8. DO	19.30 Herr Puntila und sein Knecht Matti	20.00 Vorsicht, Trinkwasser	20.00 Micky Maus und Einstein	20.00 Irma la Douce	20.00 Romeo und Jeanette	20.30 Atalanta oder Die Hochzeit des Bartolomeo Ruggieri	Theaterferien
9. FR	19.30 Herr Puntila und sein Knecht Matti	20.00 Vorsicht, Trinkwasser	20.00 Micky Maus und Einstein	20.00 Irma la Douce	20.00 Romeo und J...	20.30	...erferien
10. SA	19.30 Herr Puntila und sein Knecht Matti	20.00 Vorsicht, Trinkwasser	20.00 Micky Maus und Einstein	20.00 Irma la Douce			

Es empfiehlt sich, die Programm- und Zeitangaben vor dem Veranstaltungsbesu...

Also, am Donnerstag könnten Sie zum Beispiel in der Freien Volksbühne "Herr Puntila und sein Knecht Matti" sehen. Oder...

11. Ihr Gast möchte an einem bestimmten Wochentag ins Theater bzw. ins Kabarett gehen. Informieren Sie ihn über die verschiedenen Vorstellungen dieses Tages.

12. Was sagen hier Gast und Portier? Bitte schreiben Sie einen Dialog.

Er begrüßt den Gast.

> *Er erwidert den Gruß und bittet den Portier um Bestellung von Theaterkarten.*

Er fragt ihn, in welche Vorstellung er gehen möchte und wann.

> *Er antwortet.*

Und wo er sitzen möchte.

> *Er antwortet.*

Er wird das erledigen.

> *Er fragt den Portier, wann er ihm Bescheid geben könne.*

Er antwortet.

Er hat die Reservierung vorgenommen und sagt dem Gast, daß er die Karten an der Abendkasse abholen kann.

> *Er bedankt und verabschiedet sich.*

Er erwidert den Gruß.

13. Bitte hören Sie zu.

P
- ○ Entschuldigung. Kann ich bei Ihnen einen Wagen mieten?
- ● Selbstverständlich! Was für ein Auto möchten Sie? Hier ist unser Angebot mit Preisliste.
- ○ Danke. . . . Ich hätte gern den BMW, mit Klimaanlage.
- ● Wann brauchen Sie den Wagen?
- ○ Übermorgen früh.

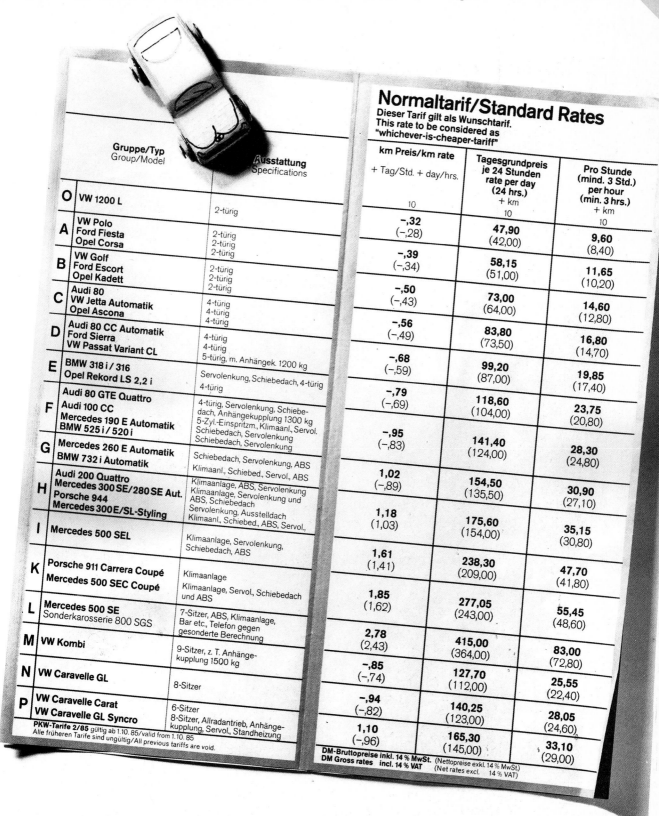

Normaltarif/Standard Rates

Dieser Tarif gilt als Wunschtarif.
This rate to be considered as
"whichever-is-cheaper-tariff"

Gruppe/Typ Group/Model	Ausstattung Specifications	km Preis/km rate + Tag/Std. + day/hrs. 10	Tagesgrundpreis je 24 Stunden rate per day (24 hrs.) + km 10	Pro Stunde (mind. 3 Std.) per hour (min. 3 hrs.) + km 10
O VW 1200 L	2-türig	−,32 (−,28)	47,90 (42,00)	9,60 (8,40)
A VW Polo / Ford Fiesta / Opel Corsa	2-türig / 2-türig / 2-türig	−,39 (−,34)	58,15 (51,00)	11,65 (10,20)
B VW Golf / Ford Escort / Opel Kadett	2-türig / 2-türig / 2-türig	−,50 (−,43)	73,00 (64,00)	14,60 (12,80)
C Audi 80 / VW Jetta Automatik / Opel Ascona	4-türig / 4-türig / 4-türig	−,56 (−,49)	83,80 (73,50)	16,80 (14,70)
D Audi 80 CC Automatik / Ford Sierra / VW Passat Variant CL	4-türig / 4-türig / 5-türig, m. Anhängek. 1200 kg	−,68 (−,59)	99,20 (87,00)	19,85 (17,40)
E BMW 318 i / 316 / Opel Rekord LS 2,2 i	Servolenkung, Schiebedach, 4-türig / 4-türig	−,79 (−,69)	118,60 (104,00)	23,75 (20,80)
F Audi 80 GTE Quattro / Audi 100 CC / Mercedes 190 E Automatik / BMW 525 i / 520 i	4-türig, Servolenkung, Schiebedach, Anhängekupplung 1300 kg / 5-Zyl.-Einspritzm., Klimaanl., Servol. / Schiebedach, Servolenkung / Schiebedach, Servolenkung	−,95 (−,83)	141,40 (124,00)	28,30 (24,80)
G Mercedes 260 E Automatik / BMW 732 i Automatik	Schiebedach, Servolenkung, ABS / Klimaanl., Schiebed., Servol., ABS	1,02 (−,89)	154,50 (135,50)	30,90 (27,10)
H Audi 200 Quattro / Mercedes 300 SE/280 SE Aut. / Porsche 944 / Mercedes 300E/SL-Styling	Klimaanlage, ABS, Servolenkung / Klimaanlage, Servolenkung und ABS, Schiebedach / Servolenkung, Ausstelldach / Klimaanl., Schiebed., ABS, Servol.,	1,18 (1,03)	175,60 (154,00)	35,15 (30,80)
I Mercedes 500 SEL	Klimaanlage, Servolenkung, Schiebedach, ABS	1,61 (1,41)	238,30 (209,00)	47,70 (41,80)
K Porsche 911 Carrera Coupé / Mercedes 500 SEC Coupé	Klimaanlage / Klimaanlage, Servol., Schiebedach und ABS	1,85 (1,62)	277,05 (243,00)	55,45 (48,60)
L Mercedes 500 SE Sonderkarosserie 800 SGS	7-Sitzer, ABS, Klimaanlage, Bar etc., Telefon gegen gesonderte Berechnung	2,78 (2,43)	415,00 (364,00)	83,00 (72,80)
M VW Kombi	9-Sitzer, z. T. Anhängekupplung 1500 kg	−,85 (−,74)	127,70 (112,00)	25,55 (22,40)
N VW Caravelle GL	8-Sitzer	−,94 (−,82)	140,25 (123,00)	28,05 (24,60)
P VW Caravelle Carat / VW Caravelle GL Syncro	6-Sitzer / 8-Sitzer, Allradantrieb, Anhängekupplung, Servol., Standheizung	1,10 (−,96)	165,30 (145,00)	33,10 (29,00)

PKW-Tarife 2/85 gültig ab 1.10. 85/valid from 1.10. 85
Alle früheren Tarife sind ungültig/All previous tariffs are void.

DM-Bruttopreise inkl. 14 % MwSt. (Nettopreise exkl. 14 % MwSt.)
DM Gross rates incl. 14 % VAT (Net rates excl. 14 % VAT)

14. Was für ein Auto hat der Gast gemietet? Beschreiben Sie es.

15. Was sagen hier Gast und Portier?

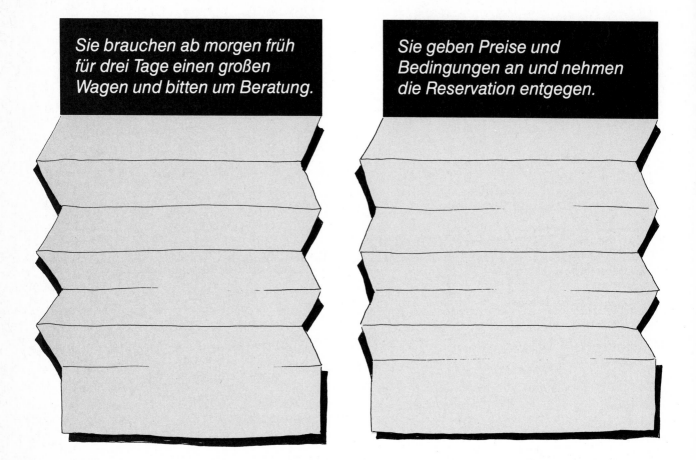

Sie brauchen ab morgen früh
für drei Tage einen großen
Wagen und bitten um Beratung.

Sie geben Preise und
Bedingungen an und nehmen
die Reservation entgegen.

a *Sehenswürdigkeiten empfehlen*

Da	ist ...		
	können	Sie	... sehen.
	könnten		sich ... anschauen.

In unserer Stadt	haben wir	....
Hier	gibt es	

Interessiert Sie vielleicht ...?

Sie	könnten zum Beispiel	das Museum	besuchen.
	sollten einmal	...	besichtigen.

Der	Ort ... ist	sehr berühmt.
Die	...	weltbekannt.
Das	...	malerisch.
		sehenswert.

Der	Ort ...	ist	historisch	sehr interessant.
Die	...		kulturell	
Das	...		künstlerisch	
			folkloristisch	

Gehen	Sie	unbedingt	nach ...		Es lohnt sich.
Fahren			in ...		
Sie sollten			zu ...	gehen/fahren.	

Da gibt es	viel zu sehen.
	viele Sehenswürdigkeiten.

Man kann nicht in ... gewesen sein, ohne ... gesehen zu haben!

b *Rundreisen beschreiben*

Von unserem Treffpunkt fahren wir über ... nach ....

Nach	der Zimmerverteilung	haben Sie Gelegenheit zu ....
	dem Frühstück	besichtigen Sie ....
	dem Mittagessen	fahren wir nach ....
	dem Abendessen	unternehmen wir einen herrlichen Ausflug nach ....
		machen wir einen Abstecher nach ....

Am	frühen Morgen	verlassen wir ... und gelangen nach ....
	Vormittag	geht es über ... nach ....
	Nachmittag	
	Abend	

Der	heutige	Tag	steht zu Ihrer freien Verfügung.
	ganze	Vormittag	wird durch ... voll in Anspruch genommen.
		Nachmittag	

Während des Aufenthalts werden wir ... Ausflüge unternehmen.

Am Abend erwartet Sie im Hotel ....
Auf Wunsch gibt es ....

Nach ... müssen wir leider die Heimreise antreten.

Auf gleichem Wege	fahren	wir nach ... zurück.
Über ...	gelangen	
Durch ...		

Abrechnung, Reklamationen · Verabschiedung von Gästen

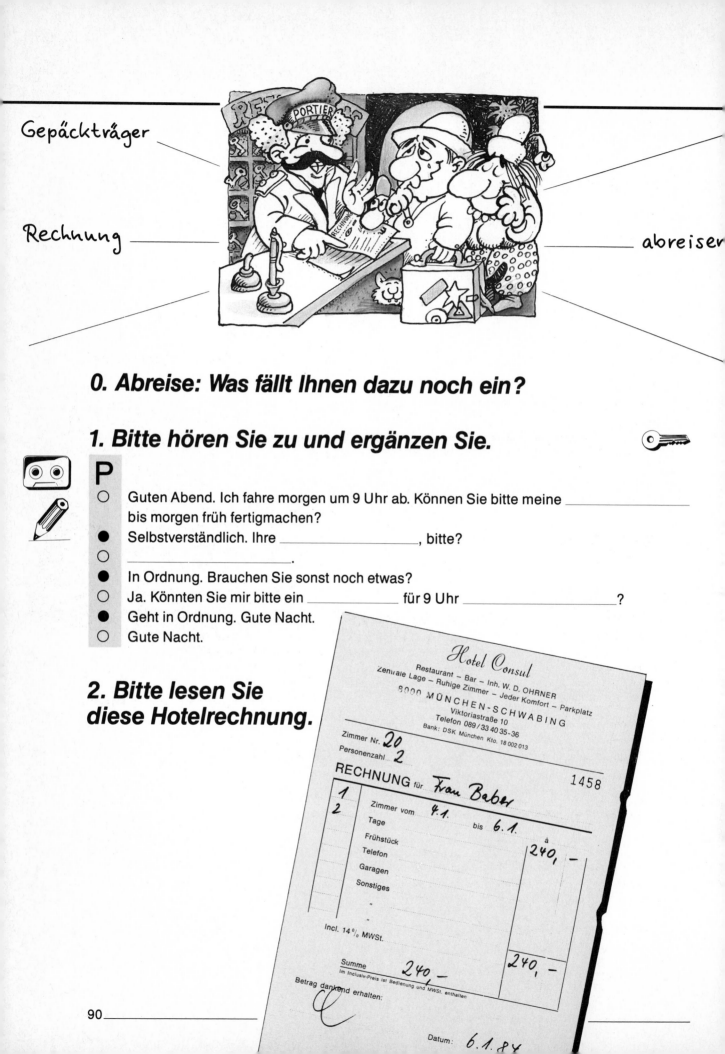

Gepäckträger

Rechnung

abreisen

0. Abreise: Was fällt Ihnen dazu noch ein?

1. Bitte hören Sie zu und ergänzen Sie.

P

○ Guten Abend. Ich fahre morgen um 9 Uhr ab. Können Sie bitte meine _____
bis morgen früh fertigmachen?

● Selbstverständlich. Ihre _____, bitte?

○ _____.

● In Ordnung. Brauchen Sie sonst noch etwas?

○ Ja. Könnten Sie mir bitte ein _____ für 9 Uhr _____?

● Geht in Ordnung. Gute Nacht.

○ Gute Nacht.

2. Bitte lesen Sie diese Hotelrechnung.

Hotel Consul
Restaurant – Bar – Inh. W. D. OHRNER
Zentrale Lage – Ruhige Zimmer – Jeder Komfort – Parkplatz
8000 MÜNCHEN-SCHWABING
Viktoriastraße 10
Telefon 089 / 33 40 35-36
Bank: DSK München Kto. 18 002 013

Zimmer Nr. **20**
Personenzahl **2**

RECHNUNG für *Frau Baber*   1458

1			à	
2	Zimmer vom **4.1.**	bis **6.1.**		
	Tage			
	Frühstück			
	Telefon		**240, –**	
	Garagen			
	Sonstiges			
	"			
	"			
Incl. 14 % MWSt.				
Summe	**240, –**		**240, –**	

Im Inclusiv-Preis ist Bedienung und MWSt. enthalten

Betrag dankend erhalten:

Datum: **6.1.84**

3. *Bitte antworten Sie.*

a In welchem Zimmer hat Frau Baber gewohnt?

b War das ein Einzelzimmer?

c Wann ist sie eingetroffen?

d Wann ist sie abgefahren?

e Wie viele Übernachtungen hat sie bezahlt?

f Wieviel hat das Zimmer pro Tag gekostet?

g Hat sie Telefon und Garage benutzt?

h Wurde die Mehrwertsteuer extra berechnet?

i Wurde die Rechnung sofort beglichen?

Was können wir aus der Rechnung sonst noch über das Hotel Consul erfahren?

4. *Bitte hören Sie zu.*

P

○ Guten Morgen.
● Guten Morgen, Frau Baber. Sie reisen heute ab?
○ Ja. Ist meine Rechnung schon fertig?
● Ja, hier, bitte schön.
○ Das sind also 240 Mark. Bitte sehr.
● Danke. Haben Sie sich bei uns wohl gefühlt?
○ Ja, sehr. Wir gehen jetzt frühstücken. Können Sie unsere Koffer vom Zimmer holen lassen?
● Selbstverständlich. Ihr Taxi ist schon bestellt.
○ Danke sehr.
● Bitte sehr. Und gute Fahrt!

5. *Sie sind nun Empfangschefin.*

○ Guten Morgen. Ich fahre heute nachmittag ab. Ich hätte gern meine Rechnung.

● _____

○ Kleimann. Zimmer Nr. 310.

● _____

○ Danke. Ich komme in einer Stunde nochmal vorbei.

○ Guten Tag! Haben Sie meine Rechnung schon fertig?

●

○ Das macht also 560 Mark – hier bitte.

●

○ Ja, es war sehr angenehm. Nur das Zimmer war ein bißchen zu laut.

●

○ Ja, um halb drei brauche ich ein Taxi zum Flughafen.

●

○ Danke!

6. Bitte lesen Sie diese Hotelrechnung.

Herrn
Dr. Dieter Krumm

Gasthof zur Mühle
Hotel und Gastronomiebetrieb
Inh. Anton Sendl

Kirchplatz 5   8045 Ismaning
Tel.: (089) 96 50 42

Volksbank Ismaning BLZ 70093400
Konto-Nr. 1850

Gemütliche Einzel- und Doppelzimmer
mit Bad, Dusche, WC und Telefon
Rustikal behagliche Gaststuben
Gutbürgerliche Küche
Biergarten unter Kastanien am Seebach

RECHNUNG

Zimmer-Nr. 316 419

Ankunft 17. 05.

Personenzahl 1

Abreise 19. 05.

2	Übernachtungen	à 56,–	DM	Pf
			112,–	
	Speisen und Getränke			
z.: 316	Telefon 23 Einheiten à 0,50		11,	50
z.: 419	38 Einheiten à 0,50		19,	–
		Gesamtbetrag	142,50	

Im Gesamtbetrag sind 14 %
Empfangs-Quittung _____ DM Mehrwertsteuer enthalten.

Datum 19. 05.   A. Feidl

7. Bitte hören Sie zu.

P

● Guten Tag!
○ Guten Tag. Entschuldigen Sie. Hier stimmt etwas nicht.
● Bitte?
○ Sie haben mir ein Telefongespräch zuviel berechnet. Am 17. habe ich gar nicht telefoniert. Ich war den ganzen Tag weg und bin erst in der Nacht zurückgekommen.
● Das kann man sofort nachprüfen. Können Sie mir die Rechnung zeigen, bitte?
○ Hier.
● Also. Am siebzehnten: Zimmer Nummer 316. Einen kleinen Moment, bitte. – Ja, Sie haben recht. Sie haben das Zimmer gewechselt, und dadurch ist uns der Fehler unterlaufen. Das sind dann 11 Mark 50 weniger . . . 131 Mark, bitte!
○ Ja, danke. Ich war ganz sicher, daß ich an diesem Tag nicht telefoniert hatte.
● Ich bitte sehr um Entschuldigung.
○ Bitte, bitte! Das kann passieren.

8. Welche Aussagen stimmen? Bitte kreuzen Sie an.

Der Gast hat eine Reklamation   **1** ☐

Die Rechnung ist auf die falsche Zimmernummer ausgestellt   **2** ☐

Der Portier überprüft die Angelegenheit   **3** ☐

Es wurde ein Telefongespräch zuviel berechnet.   **4** ☐

Der Rechnungsbetrag wird gekürzt.   **5** ☐

9. Was sagen hier Gast und Empfangschef? Bitte schreiben Sie einen Dialog.

Gruß

Gruß.
Beschwerde:
keine Getränke!

Moment!

Stimmt.
Neue Rechnung.

Dank.

10. Bitte hören Sie zu und notieren Sie.

11. Was haben hier Empfangschefin und Gast gesagt? Bitte schreiben Sie einen Dialog.

12. Bitte hören Sie zu.

P

● Guten Tag, Frau Dr. Lang. Kann ich etwas für Sie tun?
○ Ja, bitte. Ich reise heute ab und muß noch meine Sachen aus dem Safe holen.
● Selbstverständlich. Ich komme sofort.
○ Danke.
● Hier, bitte. Hatten Sie schöne Tage bei uns?
○ Ja, herrlich! Wir hatten Glück mit dem Wetter. Und die Atmosphäre bei Ihnen war wie immer sehr angenehm.
● Das freut uns sehr. Wann fahren Sie ab?
○ Wir fahren erst am Nachmittag.
● Sollte ich Sie nicht mehr sehen, wünsche ich Ihnen eine schöne Heimfahrt und hoffe, Sie kommen nächstes Jahr wieder zu uns.
○ Ja, das hoffe ich auch.
● Grüßen Sie bitte auch Ihren Sohn!
○ Gern. Vielen Dank! Auf Wiedersehen und alles Gute!
● Danke! Auf Wiedersehen! Schöne Reise! Kommen Sie gut nach Hause!

13. Bitte antworten Sie.

a Warum geht Frau Dr. Lang zur Rezeption?

b Ist sie Stammgast des Hotels?

c Welche Ausdrücke werden hier zur Verabschiedung verwendet?

d Was kann man sonst noch in dieser Situation sagen?

14. Was sagen hier Gast und Empfangschef?
Bitte schreiben Sie einen Dialog.

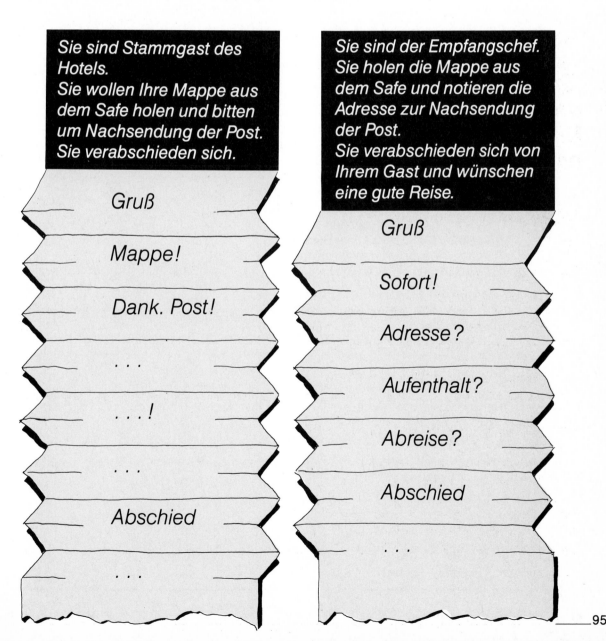

Sie sind Stammgast des Hotels.
Sie wollen Ihre Mappe aus dem Safe holen und bitten um Nachsendung der Post.
Sie verabschieden sich.

Gruß

Mappe!

Dank. Post!

. . .

. . . !

. . .

Abschied

. . .

Sie sind der Empfangschef.
Sie holen die Mappe aus dem Safe und notieren die Adresse zur Nachsendung der Post.
Sie verabschieden sich von Ihrem Gast und wünschen eine gute Reise.

Gruß

Sofort!

Adresse?

Aufenthalt?

Abreise?

Abschied

. . .

a Die Abrechnung vorlegen und kommentieren

Hier ist Ihre Rechnung.

| Für | das Extrabett
. . .
. . . | haben wir Ihnen

bezahlen Sie pro Tag | DM . . . | berechnet.
in Rechnung gestellt. |

Sie haben also . . .

| Das | macht
sind
wären | . . . Mark | insgesamt.
alles inbegriffen.
inklusive. |

Der Preis beträgt . . .
Das macht zusammen . . .

| Brauchen Sie | eine Quittung?
einen Beleg? |

Die Rechnung werden wir an . . . schicken.

| Bitte unterschreiben Sie
Können Sie bitte | die Rechnung | ?
unterschreiben? |

b Gäste verabschieden

Hoffentlich	hatten Sie	eine schöne Zeit	bei uns!
		schöne	Tage	
			Ferien	

kommen Sie nächstes Jahr wieder!
haben Sie sich bei uns wohl gefühlt!
hat es Ihnen bei uns gefallen!

| Wir hoffen, | daß es Ihnen | hier
bei uns | gut gefallen hat! |

Sie kommen nächstes Jahr wieder!
Sie nächstes Jahr wiederzusehen!

| Auf | Wiedersehen!
Wiederschauen! |

Bis	nächstes Jahr!
	zum	nächstenmal!
		nächsten Sommer!

Ich wünsche Ihnen	alles Gute!
	schöne	Fahrt!
	gute	Heimfahrt!
		Reise!
		Heimreise!

Kommen Sie gut nach Hause!

Grüßen Sie . . . von mir!

Inhaltsübersicht

1. Verb

1.1 Präsens: sein, haben, wohnen, arbeiten, nehmen, fahren

ich	bin		ich	habe		ich	wohn-e
du	bist		du	hast		du	wohn-st
er/es/sie/man	ist		er/es/sie/man	hat		er/es/sie/man	wohn-t
wir	sind		wir	haben		wir	wohn-en
ihr	seid		ihr	hat		ihr	wohn-t
sie/Sie	sind		sie/Sie	haben		sie/Sie	wohn-en
ich	arbeit-e		ich	nehme		ich	fahre
du	arbeit-est		du	nimmst		du	fährst
er/es/sie/man	arbeit-et		er/es/sie/man	nimmt		er/es/sie/man	fährt
wir	arbeit-en		wir	nehmen		wir	fahren
ihr	arbeit-et		ihr	nehmt		ihr	fahrt
sie/Sie	arbeit-en		sie/Sie	nehmen		sie/Sie	fahren

1.2 Imperativ (Höflichkeitsform)

Probieren Sie doch den Apfelstrudel, Frau Meier!

Bitte unterschreiben Sie hier!

Steigen Sie bitte ein , meine Damen und Herren!

1.3 Modalverben

KÖNNEN			MÜSSEN			WOLLEN	
ich	kann		ich	muß		ich	will
du	kannst		du	mußt		du	willst
er/es/sie/man	kann		er/es/sie/man	muß		er/es/sie/man	will
wir	können		wir	müssen		wir	wollen
ihr	könnt		ihr	müßt		ihr	wollt
sie/Sie	können		sie/Sie	müssen		sie/Sie	wollen

Können Sie Deutsch?
Können Sie Ski fahren?
Können Sie das bitte wieder-
holen?
Ich kann erst um 21 Uhr da sein.

Ich muß am 25.7. in Paris sein.
Sie müssen den Bus Nr. 11
nehmen.

Ich will weniger ausgeben.
Wollen Sie sich bitte eintragen?

MÖGEN (Konjunktiv II)		SOLLEN		DÜRFEN	
ich	möchte	ich	soll	ich	darf
du	möchtest	du	sollst	du	darfst
er/es/sie/man	möchte	er/es/sie/man	soll	er/es/sie/man	darf
wir	möchten	wir	sollen	wir	dürfen
ihr	möchtet	ihr	sollt	ihr	dürft
sie/Sie	möchten	sie/Sie	sollen	sie/Sie	dürfen

Möchten Sie etwas trinken?

Ihre Frau hat gesagt, Sie sollen sie heute anrufen.
Wo soll ich unterschreiben?

Was darf es sein?
Darf ich reinkommen?
Entschuldigen Sie, hier darf man nicht rauchen.

1.4 Perfekt

sagen	er hat gesagt	**Bei Modalverben**
arbeiten	er hat gearbeitet	
telefonieren	er hat telefoniert	Der Chef hat es ∣ gewollt.
bestellen	er hat bestellt	überprüfen wollen.
nachprüfen	er hat nachgeprüft	
gehen	er ist gegangen	
ankommen	er ist angekommen	
bekommen	er hat bekommen	

In der gesprochenen Sprache benutzt man als Vergangenheitsform vorwiegend das Perfekt.
Bei Hilfs- und Modalverben (*konnte, mußte, wollte, sollte, durfte*) wird jedoch eher das Präteritum verwendet.

Verben der Orts- und Zustandsveränderung bilden das Perfekt mit *sein* (ebenso die Verben *sein, werden* und *bleiben*):
Die Gäste sind abgereist.
Die Rechnung ist eingetroffen.
Das Wasser ist verdunstet.

1.5 Präteritum

SAGEN		GEBEN		SEIN		HABEN		KÖNNEN	
ich	sagt-e	ich	gab	ich	war	ich	hatte	ich	konnte
du	sag-test	du	gab-st	du	warst	du	hattest	du	konntest
er/es sie/man	sag-te	er/es sie/man	gab	er/es sie/man	war	er/es sie/man	hatte	er/es sie/man	konnte
wir	sag-ten	wir	gab-en	wir	waren	wir	hatten	wir	konnten
ihr	sag-tet	ihr	gab-t	ihr	wart	ihr	hattet	ihr	konntet
sie/Sie	sag-ten	sie/Sie	gab-en	sie/Sie	waren	sie/Sie	hatten	sie/Sie	konnten

1.6 Futur

ich	werde	
du	wirst	
er/es sie/man	wird	+ Infinitiv
wir	werden	
ihr	werdet	
sie/Sie	werden	

Ich fahre morgen nach München.

Wir **werden** die Angelegenheit sofort **nachprüfen**.

Ich **werde** wohl bald nach Hause **kommen**.

Der Gebrauch des Futurs ist nicht obligatorisch: Es kann durch Präsens (+ Zeitangabe) ersetzt werden. Es hat oft modalen Charakter.

1.7 Passiv

Präsens			**Präteritum**		
ich	werde		ich	wurde	
du	wirst		du	wurdest	
er/sie/es/man	wird	+ Part. Perf.	er/sie/es/man	wurde	+ Part. Perf.
wir	werden		wir	wurden	
ihr	werdet		ihr	wurdet	
sie/Sie	werden		sie/Sie	wurden	

Sie **werden** sofort **benachrichtigt**.

Das Telefongespräch **wurde** doppelt **berechnet**.

1.8 Konjunktiv II

ich	wäre	ich	hätte	ich	würde	
du	wär(e)st	du	hättest	du	würdest	
er/es sie/man	wäre	er/es sie/man	hätte	er/es sie/man	würde	+ Infinitiv
wir	wären	wir	hätten	wir	würden	
ihr	wär(e)t	ihr	hättet	ihr	würdet	
sie/Sie	wären	sie/Sie	hätten	sie/Sie	würden	

Ich **wäre** Ihnen sehr dankbar, wenn Sie mich am Flughafen abholen könnten.

Ich **hätte** gern zwei Theaterkarten.

Könnten Sie mir eine Theaterkarte besorgen?

Würden Sie mich bitte morgen um 7 Uhr wecken?

Mit Hilfe des Konjunktiv II kann man Bitten formulieren.
Außer bei den Hilfs- und Modalverben (*möchte, könnte, sollte, müßte, dürfte, wollte*) wird der Konjunktiv II meist mit *würde-* + Infinitiv gebildet.

2. Nominaler Bereich

2.1 Artikelwörter: der/das/die, ein-, kein-

	Maskulinum	Neutrum	Femininum	Plural
Nominativ	der[1] ein[2]/kein	das ein/kein	die eine/keine	die -/keine
Akkusativ	den einen/keinen	das ein/kein	die eine/keine	die -/keine
Dativ	dem einem/keinem	dem einem/keinem	der einer/keiner	den -n -/keinen -n
Genitiv	des -s eines -s keines -s	des -s eines -s keines -s	der einer/keiner	der -/keiner

[1] *dies-, jed-, welch-, alle, viele* und Possessivpronomen haben die gleichen Endungen wie *der*.

[2] Possessivadjektive haben die gleichen Endungen wie *ein-*.

2.2 Personalpronomen Reflexivpronomen Possessivadjektive

	Nominativ	Akkusativ	Dativ		
Singular	ich	mich	mir	mich	mein[2]
	du	dich	dir	dich	dein[2]
	er	ihn	ihm	sich	sein[2]
	es	es	ihm	sich	sein[2]
	sie	sie	ihr	sich	ihr[2]
Plural	wir	uns	uns	uns	unser[2]
	ihr	euch	euch	euch	euer[2]
	sie	sie	ihnen	sich	ihr[2]
Sg./Pl.	Sie	Sie	Ihnen	sich	Ihr[2]

2.3 Indefinite Pronomen

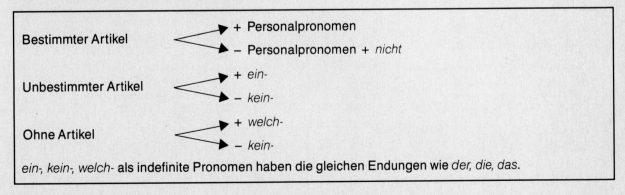

ein-, kein-, welch- als indefinite Pronomen haben die gleichen Endungen wie der, die, das.

- Haben Sie den Schlüssel schon abgegeben?
- Ja, ich habe ihn heute früh abgegeben./
  Nein, ich habe ihn noch nicht abgegeben.

- Brauchen Sie einen Kugelschreiber?
- Danke, ich habe einen.

- Ich brauche noch eine Decke.
- Ist keine im Schrank?

- Entschuldigung. Ich brauche noch Kleiderbügel!
- Sie bekommen sofort welche.

- Entschuldigen Sie, ich habe keine Handtücher!
- Ich bringe Ihnen sofort welche.

2.4 Grund- und Ordnungszahlen

1 eins	1. erst-	11 elf	11. elft-	21 einundzwanzig	21. einundzwanzigst-
2 zwei	2. zweit-	12 zwölf	12. zwölft-	22 zweiundzwanzig	22. zweiundzwanzigst-
3 drei	3. dritt-	13 dreizehn	13. dreizehnt-	30 dreißig	30. dreißigst-
4 vier	4. viert-	14 vierzehn	14. vierzehnt-	40 vierzig	40. vierzigst-
5 fünf	5. fünft-	15 fünfzehn	15. fünfzehnt-	50 fünfzig	50. fünfzigst-
6 sechs	6. sechst-	16 sechzehn	16. sechzehnt-	60 sechzig	60. sechzigst-
7 sieben	7. siebt-	17 siebzehn	17. siebzehnt-	70 siebzig	70. siebzigst-
8 acht	8. acht-	18 achtzehn	18. achtzehnt-	80 achtzig	80. achtzigst-
9 neun	9. neunt-	19 neunzehn	19. neunzehnt-	90 neunzig	90. neunzigst-
10 zehn	10. zehnt-	20 zwanzig	20. zwanzigst-	100 hundert	100. hundertst-
				1000 tausend	1000. tausendst-

Am 12. (zwölften) Februar

München, den 3. (dritten) Februar 1988

Vom 10. (zehnten) bis zum 15. (fünfzehnten) Mai

Heute ist der 10. (zehnte) März.

2.5 Adjektiv als Verbergänzung

	Komparativ	Superlativ
klein	kleiner	am kleinsten
wenig	weniger	am wenigsten
weit	weiter	am weitesten
groß	größer	am größten
lang	länger	am längsten
komfortabel	komfortabler	am komfortabelsten
teuer	teurer	am teuersten
hoch	höher	am höchsten
nah	näher	am nächsten
gut	besser	am besten
viel	mehr	am meisten
gern	lieber	am liebsten

Der Gasthof X ist ruhig.
Das Hotel Y ist aber ruhiger als der Gasthof X.
Die Pension am Wald ist am ruhigsten.

Am besten nehmen Sie ein Taxi.

2.6 Adjektiv als Attribut

a) nach *der, die, das, dies-, jed-, welch-:*

	Maskulinum	Neutrum	Femininum	Plural
Nominativ	-e	-e	-e	-en
Akkusativ	-en	-e	-e	-en
Dativ	-en	-en	-en	-en
Genitiv	-en	-en	-en	-en

Der große Konferenzraum ist heute leider belegt.

b) nach *ein-, kein-,* Possessivadjektiven, *alle-:*

	Maskulinum	Neutrum	Femininum	Plural
Nominativ	-er	-es	-e	-en
Akkusativ	-en	-es	-e	-en
Dativ	-en	-en	-en	-en
Genitiv	-en	-en	-en	-en

Für Sie auch ein großes Bier?

c) ohne Artikel; nach Zahlen, *wenige-, einige-, andere-, mehrere-, viele-:*

	Maskulinum	Neutrum	Femininum	Plural
Nominativ	-er	-es	-e	-e
Akkusativ	-en	-es	-e	-e
Dativ	-em	-em	-er	-en
Genitiv	-en	-en	-er	-er

Ich würde Ihnen Lammkotelett mit grünen Bohnen und gemischtem Salat empfehlen.

3. Präpositionen

3.1 Präpositionen mit Dativ, Akkusativ oder Genitiv

+ Dativ	+ Akkusativ	+ Genitiv
ab	bis	anhand
aus	durch	anläßlich
bei	entlang	(an)statt
gegenüber	für	aufgrund
mit	gegen	bezüglich
nach	ohne	infolge
seit	um	trotz
von		während
zu		wegen

3.2 Wechselpräpositionen

wo? + Dativ		wohin? + Akkusativ
Ihr Zimmer ist im ersten Stock.	in	Fahren Sie in den ersten Stock!
Das Museum liegt am Rhein.	an	Der Bus Nr. 11 fährt an den Rhein.
Sie können auf der Terrasse frühstücken.	auf	Soll ich Ihnen das Frühstück auf die Terrasse bringen?
Der Bus hält neben unserem Haus.	neben	Stellen Sie den Wagen neben das Haus.
Das Taxi wartet vor dem Hotel.	vor	Fahren Sie bis vor das Hotel.
Hinter dem Haus ist ein Park.	hinter	Der Weg führt hinter das Haus.
Der Liegestuhl steht unter dem Baum.	unter	Ich stelle Ihnen den Liegestuhl unter den Baum.
Zwischen den beiden Hotels lag früher ein Park.	zwischen	Jetzt baut man zwischen die Hotels einen Parkplatz.
Über der Eingangstür hängt ein Schild.	über	Gehen Sie über die Brücke!

3.3 Temporalangaben

um 5.20 Uhr	am Abend	in der Nacht	vor 3 Wochen
gegen 5	am Montag	in der Woche	seit gestern
von 4 bis halb 5	am 15.2.	im Juli	ab morgen
Viertel vor 4		im Sommer	
Viertel nach 4		(im Jahr) 1988	
ab 10 Uhr		in 3 Stunden	

4. Satz

4.1 Hauptsatz

Ihr Schlüssel	ist	hier.
Hier	ist	Ihr Schlüssel.

Keine Inversion nach: *und, oder, aber, sondern, denn, ja, nein, doch, nur, nicht.*

Der Frühstücksraum ist hier, <u>und das Restaurant</u> befindet sich im ersten Stock.
Sie können jetzt noch essen, <u>aber die Küche</u> schließt in einer halben Stunde.

4.2 Fragesatz

Haben Sie Gepäck?	<u>Ja</u>, zwei Koffer. <u>Nein.</u>	<u>Wo</u> wohnen Sie? – <u>In Ulm.</u>

Fragewörter

Wer?	Wer kommt? – Herr Weber.
Wen?	Wen soll ich anrufen? – Herrn Weber.
Wem?	Wem gehört der Koffer? – Der Dame.
Was?	Was wünschen Sie? – Einen Tee.
Wie?	Wie heißen Sie? – Carola Braun.
Wieviel?	Wieviel Uhr ist es? – 19.20 Uhr.
Wie + Adjektiv?	Wie teuer ist das Zimmer? – 140 Mark.
Wie lange?	Wie lange bleiben Sie? – Eine Woche.
Wann?	Wann reisen Sie ab? – Morgen früh.
Wo?	Wo wohnen Sie? – In Köln.
Woher?	Woher kommen Sie? – Aus Köln.
Wohin?	Wohin wollen Sie? – Nach Bonn.
Warum?	Warum ist das Restaurant zu? – Es wird renoviert.
Welch-?	Welche Zimmernummer haben Sie? – 104.
Was für ein?	Was für ein Zimmer möchten Sie? – Ein Doppelzimmer.
Wo-Präposition?	Womit wollen Sie anfangen? – Mit Kaviar, bitte.

4.3 Stellung der trennbaren Verben im Satz

Der Zug fährt um 9 Uhr von Gleis 11 ab .
Tragen Sie sich bitte ein !
Sie müssen in Koblenz aussteigen .
Wissen Sie, um wieviel Uhr der Zug aus Köln in Stuttgart ankommt ?

4.4 Hauptsatz: Satzbauplan

INVERSIONS-SIGNAL	SUBJEKT	VERB 1	SUBJEKT BEI INVERSION	DIREKTE* ERGÄNZUNG (Akkusativ/Dativ)	NEG
Leider	—	ist	die Nummer		
—	Ich	werde	—	ihr die Mitteilung	
—	Der Zug	fährt	—		
Heute	—	findet	die Stadtrundfahrt		
—	Sie	können	—		nicht

```
*  Bei Substantiven:                          Dativ           -  Akkusativ
   Bei Personalpronomen:                       Akkusativ       -  Dativ
   bei Substantiven und Personalpronomen:  Personalpronomen  -  Substantive
```

4.5 Nebensatz mit Konjunktion: Satzbauplan

Sagen Sie ihm ,	daß	ich ihn morgen um 10 Uhr bei mir	erwarte.
Fragen Sie ,	ob	Herr B. von der Firma Siemens	angerufen hat.
Wie wär's ,	wenn	ich morgen um zwei noch einmal	anrufe?

4.6 Infinitivsatz: Satzbauplan

Ist es möglich ,	ein Kinderbett ins Zimmer	zu stellen?
Wir bitten ,	dieses Formular beim Portier	abzugeben.
Sie werden gebeten ,	das Zimmer bis 11 Uhr	freizugeben.

ORAL-BE	KAUSALANGABE	MODALANGABE	LOKALANGABE	NEGATION	VERB 2
noch					besetzt.
					ausrichten.
hr			von Gleis 8		ab.
	wegen schlechten Wetters			nicht	statt.
		mit dem Lift			fahren.

Einheit 1, Nr. 13

● Ihr Name, bitte?
○ Gerhard Klymiuk.
● Könnten Sie das bitte buchstabieren?
○ K, L, Y, M, I, U, K.
● Klymiuk, danke! Ihr Wohnort?
○ Münster.
● Ihre Anschrift?
○ Zeppelinstraße 7.
● Sie haben Zimmer Nr. 208.

● Wie heißen Sie?
○ Klaass, zwei A, zwei S.
● Und Ihr Vorname?
○ Lutz.
● Danke. Wo wohnen Sie?
○ In Hamburg.
● Ihre Adresse?
○ Alsterchaussee 15.
● Entschuldigung?
○ Alsterchaussee 15.
● Ihre Zimmernummer ist 345.

● Sie heißen?
○ Hartwig.
● Ihr Vorname?
○ Elwine.
● Danke. Sie wohnen?
○ In Coburg.
● Ihre Adresse?
○ Eichendorffstraße 16.
● Sie haben Zimmer Nr. 27.

● Ihr Name und Vorname, bitte?
○ Zwingmann Michael.
● Wie schreiben Sie das?
○ Z, W, I, N, G, M, A, zweimal N.
● Danke. Ihre Adresse?
○ Rosenstraße 6, Murten.
● Ihre Zimmernummer ist 35.

● Wie ist Ihr Name?
○ Sigrid Weiß.
● Mit scharfem S oder Doppel-S?
○ Mit scharfem S.
● Danke. Ihr Vorname?
○ Sigrid.
● Wo wohnen Sie?
○ In Bremen.
● Ihre Adresse?
○ Blumenstraße 9.
● Sie haben Zimmer Nr. 312.

Einheit 6, Nr. 5

- ● Hotel Madeleine!
- ○ Guten Tag! Ich rufe aus Hamburg an. Ich möchte für die Zeit vom 21. bis zum 27. April ein Doppelzimmer mit Bad. Haben Sie noch etwas frei?
- ● Augenblick. – Ja, für die Zeit haben wir noch ein Doppelzimmer mit Dusche.
- ○ Gut. Ist es möglich, ein Extra-Bett für ein Kind ins Zimmer zu stellen?
- ● Selbstverständlich. Ein normales Bett oder ein Kinderbett?
- ○ Ein Kinderbett, wenn es geht. Wie hoch ist der Preis für eine Nacht?
- ● 1200, – Schilling das Doppelzimmer mit Frühstück. Für das zusätzliche Bett berechnen wir 220, – Schilling.
- ○ OK. Können Sie mir das Zimmer schon jetzt reservieren?
- ● Ja, Ihr Name, bitte?
- ○ Wolfgang Becker, mit E.
- ● Adresse und Telefonnummer?
- ○ Lübecker Straße 40, Telefon 8 93 71 26.
- ● Ja, Herr Becker. Allerdings wäre eine Anzahlung in Höhe von 2500, – Schilling notwendig.
- ○ Ist gut. Auf welches Konto?
- ● Zentralsparkasse Wien, Konto Nr. 608 243 606.
- ○ 608 243 606. Ich werde den Betrag in den nächsten Tagen überweisen und Ihnen noch mitteilen, wann ich genau ankomme.
- ● Vielen Dank! Sie bekommen dann von uns eine schriftliche Bestätigung.
- ○ Danke, auf Wiederhören!
- ● Auf Wiederhören!

Einheit 6, Nr. 8

- ● Hotel Palace, guten Tag!
- ○ Guten Tag! Verbinden Sie mich bitte mit dem Empfang!
- ● Moment, ich verbinde.
- ●● Guten Tag!
- ○ Guten Tag, hier Bienek. Ich habe vor zwei Wochen ein Einzelzimmer mit Bad für heute und morgen reserviert. Ich werde aber vier Stunden später als vorgesehen eintreffen. So gegen 10.
- ●● Ist in Ordnung. Vielen Dank für den Anruf, Herr Bienek!
- ○ Auf Wiedersehen!
- ●● Wiedersehen!

Einheit 6, Nr. 10

● Hotel Consul, guten Abend!

○ Guten Abend. Hier Weisz. Ich möchte gerne Frau Braun sprechen. Ist sie schon angekommen?

● Noch nicht. Sie hat aber angerufen, daß sie später kommt.

○ Könnten Sie ihr bitte ausrichten, daß ich sie morgen um 10 Uhr bei mir zu Hause erwarte?

● Morgen um 10 Uhr bei Frau . . ., wie war der Name, bitte?

○ Weisz, Wilhelm, Emil, Ida, Siegfried, Zacharias. Meine Adresse hat sie, aber für alle Fälle: Clemensstraße 131.

● In Ordnung. Ich werde Frau Braun heute abend benachrichtigen.

○ Dafür wäre ich Ihnen sehr dankbar. Danke schön.

● Bitte sehr. Auf Wiederhören!

○ Auf Wiederhören!

Einheit 6, Nr. 13

● Jolly Hotel, guten Tag!

○ Guten Tag! Ist Herr Schobert da?

● Augenblick, bitte! Im Moment ist er im Schwimmbad. Ich soll ihn verständigen. Was kann ich ihm ausrichten?

○ Mein Name ist Breuer. Können Sie ihm bitte sagen, daß ich ihn in einer halben Stunde noch einmal anrufe?

● Ja, gern.

○ Vielen Dank! Auf Wiederhören!

● Auf Wiederhören!

Einheit 6, Nr. 15

a ○ Schapperer!
　 ● Oh, Entschuldigung, dann habe ich mich verwählt!

b ● Sie wollten eine Verbindung nach Berlin. Da meldet sich leider niemand.
　 ○ Könnten Sie es bitte in einer halben Stunde nochmal versuchen?

c ● Ich habe versucht, Sie mit Berlin zu verbinden. Leider ist immer besetzt.
　 ○ Probieren Sie es bitte später?

d ● Ist da Pabst, bitte?
　 ○ Ja, mit wem spreche ich? – Mit wem, bitte?
　　 Hier Pabst!!!
　 ● Ich höre Sie nicht!

Einheit 7, Nr. 2

○ Guten Tag, ich möchte auch die Umgebung von Wien kennenlernen. Könnten Sie mir etwas empfehlen?

● Da haben wir die Fahrt nach Mayerling. Die dauert ungefähr vier Stunden. Sie könnten um 9.30 Uhr abfahren. Sie hätten da die Möglichkeit, den Wiener Wald, das Jagdschloß Mayerling, das Stift Heiligenkreuz und die größte Seegrotte Europas kennenzulernen.

○ Ja, das wäre schön. Wieviel kostet die Fahrt?

● 260,– Schilling.

○ Haben wir da auch eine Führung?

● Ja, die ist vorgesehen und im Preis inbegriffen.

○ Ich würde dann sofort drei Karten für morgen um halb zehn bestellen.

● Ja, bitte.

○ Von wo geht die Tour ab?

● Hier vorne ist die zentrale Abfahrtstelle.

Einheit 7, Nr. 8

○ Guten Tag, kann ich bei Ihnen Theaterkarten bestellen?

● Ja, natürlich! Für welches Stück?

○ Ich möchte vier Karten für die „Lustige Witwe" für morgen abend.

● In der Staatsoper also. Möchten Sie lieber Parkett oder Loge?

○ Parkett, wenn möglich in den ersten Reihen und nebeneinander.

● Ich werde es versuchen. Ihr Name, bitte?

○ Leonhard.

● Ich sage Ihnen heute abend noch Bescheid, Herr Leonhard.

○ Ja, bitte, vielen Dank.

– – –

○ Guten Abend!

● Guten Abend, Herr Leonhard. Ja, für morgen abend gäbe es nur noch in der Loge vier Plätze nebeneinander. Wären Sie daran interessiert?

○ Ja, wenn es nicht anders geht. Der Preis für eine Karte?

● 350 Schilling pro Karte und 20 Schilling für die Bestellung.

○ In Ordnung. Um wieviel Uhr beginnt die Vorstellung?

● Um 20 Uhr. Die Karten bekommen Sie an der Theaterkasse.

○ Vielen Dank!

Einheit 8, Nr. 10

○ Guten Tag. Ich reise morgen ab. Schicken Sie bitte die Rechnung an meine Firma.
● Die Adresse Ihrer Firma, bitte?
○ Gebrüder Schiller KG, Lenbachplatz 3, 8000 München 2.
● Geht in Ordnung. Bevor Sie abreisen, brauchen wir noch eine Unterschrift von Ihnen.
○ Ja, gern. Bis wann muß ich das Zimmer räumen?
● Wir bitten, die Zimmer bis 11 Uhr freizugeben.
○ Ist gut. Und noch eine Bitte. Sollte noch Post für mich eintreffen, schicken Sie sie mir bitte nach. Meine Privatadresse in München ist: Margarethe Schwarz, Nederlingerstraße 1, 8000 München 19.

Lösungsschlüssel

EINHEIT 1

4. *(Richtig = R, Falsch = F)* F – R – F – R – R – F

7. Deutsch – Einzelzimmer – 76 – 200 Francs – sehen – Stock – Kühlschrank – ruhig – vom Zimmer – Vorwahlnummer – im Wagen – Träger

10. R – F – R – F – F – R

13.

Name	Vorname	Wohnort	Adresse	Zimmer-Nr.
1. Fischer	Hens	München	Beblostr. 12	306
2. Klymiuk	Gerhard	Münster	Zeppelinstr. 7	208
3. Klaass	Lutz	Hamburg	Alsterchaussee 15	345
4. Hartwig	Elwine	Coburg	Eichendorffstr. 16	27
5. Zwingmann	Michael	Murten	Rosenstr. 6	35
6. Weiß	Sigrid	Bremen	Blumenstr. 9	312

EINHEIT 2

2 – 3. Kaffee - Kännchen - Bier - Apfelsaft

6 – 7. 4 Mark – 3 Mark 30 – 2 Mark 50 – 9 Mark 80

9. Vorspeisen – Suppen – Fleischgerichte – Fischgerichte – Desserts/Nachspeisen

10. Weißwein – Weißwein – Nudelsuppe – Wiener Schnitzel – Pommes frites – Salat – Kraftbrühe mit Ei – Kalbsbraten – Erbsen – Karotten – Rumpsteak – Champignons – Eisbecher – Früchten – Obstsalat

14. A–1/2; B–1; C–5; D–3/4; E–3/4

15.

	zu fett	zu weich	(zu) trocken	(zu) sauer	nicht frisch	schal	versalzen	zu scharf	fade	ranzig	(zu) hart	zäh	(zu) kalt	(zu) warm
Wein			X	X		X			X				X	X
Milch				X	X								X	X
Bier				X		X			X				X	X
Brot			X		X				X		X			
Kuchen			X		X						X			
Fleisch	X		X		X		X	X	X		X	X	X	
Fisch	X	X			X		X	X	X				X	
Salat				X	X				X					
Suppe	X						X	X	X				X	
Ei		X			X						X		X	
Butter		X			X					X				X
Sahne				X	X					X				

17–18. Rühreier – Schinken – Kaffee – Orangensaft – Viertel nach 8/acht

21. Servieren des Frühstücks im Zimmer

EINHEIT 3

0. R – F – R – F – R – F – R – R

4. Bremen – 7.10 Uhr – 22.32 Uhr – Bremen

EINHEIT 4

8. Bauer – Abend – voll belegt – Hotel – an der Promenade (direkt am Meer) – billiger – Doppelzimmer – Dusche/Frühstück – 90 Mark – reserviert – 34 – Weg

11. 27. April – Zürich – Einzelzimmer – am Stadtrand, nicht weit von der Autobahn

EINHEIT 5

9. Nr. 3

10. Reinigung – bekommen – Krawatte fehlte – Zimmermädchen – bis jetzt – Versehen – nachprüfen – vorgestern – Farbe – grau – Namen – bald Bescheid – Verständnis

11. 2-A/C/F/H; 3-D/G/I; 4-B/H; 5-D/G/I; 6-D/E/G; 7-A/C/F/H; 8-D/E/G

EINHEIT 6

0. W = Wecken; T = Taxi; F = Frühstück; 12 = Zimmer Nummer 12

2. a Grauert – Viertel nach 7 – 216 – 8 Uhr – 7.15 Uhr – 8 Uhr.
   b Viertel vor 6 – 29, Hamm – frühstücken – gegen 6 – Kaffee – Taxi für halb 7.

4. a 7.30 Uhr;   **b** Lechner – Viertel vor 8;   **c** Weinberger – 8 Uhr

5. 1 ◉ **2** □ **3** ◉ **4** ◉

8. F – F – R – F – R

EINHEIT 7

2. Tour Nr. 4

9. Bestellung/Reservierung/Besorgung – Theaterkarten – Karten/Plätze – „Lustige Witwe" – nächsten/folgenden – Parkett – Reihen – ruft – bestellt – Bescheid – Loge – Gast – interessiert – Preis – Vorstellung – Theaterkasse

14. G: BMW 732 i Automatik

EINHEIT 8

1. Rechnung – Zimmernummer – 204 – Taxi – bestellen

3. a Zimmer Nr. 20;   **b** Nein, ein Doppelzimmer.   **c** am 4.1.;   **d** am 6.1.
   e zwei;   **f** 120,– DM;   **g** Nein;   **h** Nein;   **i** Ja.

8. 1 ◉ **2** □ **3** ◉ **4** ◉ **5** ◉

13. a Sie will ihre Sachen vor der Abreise aus dem Safe holen.
   b Ja.
   c Ich wünsche Ihnen eine schöne Heimfahrt. / Grüßen Sie bitte . . . / Auf Wiedersehen! / Alles Gute! / Schöne Reise! / Kommen Sie gut nach Hause!

EINHEIT 1

1 ○ Unser Hotel!
○ ○ Endlich!

2 ○ Guten Tag!
● Sie suchen sicherlich ein Zimmer?
● ● Leider sind wir voll!

3 ○ Ich hätte gern ein Doppelzimmer mit Bad!
● ● Hört er schlecht?
● ● Wir sind voll, mein Herr! Total ausgebucht!

4 ○ Aber, aber . . .
● ● Lassen Sie Ihr Geld, . . .
● Wir lassen uns doch nicht bestechen!

5 ○ Ja, aber Sie können uns doch nicht vor die Tür setzen!

6 ● Tut uns leid, mein Herr,
● aber voll ist voll, wir haben . . .
● ● . . . keinen Platz!

7 ○ Aber ich hab' doch reserviert!

8 ● Sagten Sie RESERVIERT?

9 ● Na, warum sagen Sie das nicht gleich! Sie bekommen unsere FÜRSTENSUITE!
Tragen Sie sich bitte gleich ein!

EINHEIT 2

1 ● Guten Morgen!
○ Ach, wie schön, das Frühstück!

2 ○ Wollen doch mal sehen . . .

3 ○ Nanu, hab' ich das gestern bestellt??
○ Ich wollte doch Hühnersuppe . . .

4 ○ Hähä!
○ . . . und aus dem Schinkenbrötchen ist ein ganzer Schinken geworden. Na, den geb ich dem Hund . . .
○ Hier, Lumpi . . .

5 ○ Es war heut' nacht so dunkel und kalt, da hab' ich ihn gleich ins Bett gesteckt . . . Er ist ganz brav! Stimmt's, Lumpi . . .

6 ● Was?!? Dieser Hund ist böse und . . .
○ Ach wo! Der tut keinem was! Ich kann ihm sogar ins Ohr kneifen . . .

7 ● Wirklich brav, unser Lupo, . . . was? Wie sähen Sie erst aus, wenn er Ihnen was getan hätte. Komm, Lupo!
○ ??!??

EINHEIT 3

1 ○ Können Sie mir bitte sagen . . .
　● Nehmen Sie den Weg dort!

2 ○ Können Sie mir bitte . . .
　● Gehen Sie immer geradeaus und dann den Weg links!

3 ○ Können Sie mir bitte sagen . . .
　● Tut mir leid, ich bin nicht von hier!

4 ○ Können Sie mir bitte sagen . . .
　● Hab' leider gerade keine Zeit!

5 ○ Ich halt es nicht aus!

6 ○ Können Sie bitte sagen, wie . . .
　● Ich kenne mich hier leider auch nicht aus!

7 ● Können Sie mir bitte sagen, wie spät es ist?
　○ DAS wollte ich doch auch nur wissen!

EINHEIT 4

1 ○ Wir hätten gern ein Zimmer in Zermatt.
　● Toll, das liegt ja gleich bei den Pyramiden!

2 ○ Nein, wir wollen ein Zimmer in Zermatt!
　● Jawohl, da haben Sie ja täglich den herrlichsten Sonnenschein!

3 ○ Nein, nein, ich sagte Zermatt, verstehen Sie? In der Schweiz!
　● Außerdem können Sie da die schönsten Kamelritte durch die Wüste machen!

4 ○ Zum Donnerwetter, Mann! Wir möchten ein Zimmer in Zermatt – am Matterhorn in der Schweiz und nicht bei den Pyramiden!

5 ● Aber haben Sie auch an die Krokodile gedacht! Na, Sie sehen nicht aus, als ob Sie Angst hätten!

6 ○ Komm Erna, wir gehen!
　● Na, Sie müssen sich schon selbst entscheiden, wohin Sie fahren wollen!

7 ● Halt, warten Sie! Gerade sehe ich ein herrliches Angebot! Möchten Sie vielleicht ein Zimmer in Zermatt?!?!!

EINHEIT 5

1 ○ Ich möchte mich bei Ihnen beschweren!
   ● Sie schon wieder!

2 ○ Hier, meine ganze Wäsche ist eingelaufen und verfärbt!
   ● Immer hat er was zu meckern!

3 ○ Meine weißen Schuhe sind schwarz gesprenkelt und mein Koffer ist verschwunden!
   ● Immer ist was falsch!

4 ○ . . . und in der Badewanne schwamm ein Fisch!
   ● Niemals hat er ein liebes Wort!

5 ○ . . . außerdem steht mein Bett unter Wasser! Sie werden jetzt alles in Ordnung bringen!
   ● . . wir sind doch auch nur MENSCHEN!

6 ● Tut mir leid, mein Herr: ich hab' Feierabend!

EINHEIT 6

2 ○ Hallo? Nein, hier ist nicht die Wäscherei!

3 ○ Wie? Nein, hier ist nicht der Chefkoch!

3 ○ Unverschämtheit!

4 ○ Ich geh' nicht ran! Ich geh' nicht ran!

5 ○ Verdammt! Nein, hier ist nicht der Hotelmanager!

6 ● Leider fiel der telefonische Weckdienst aus! Deshalb bin ich hier! Sie wollten doch um 7.00 Uhr geweckt werden?
   ○ Auch das noch!

EINHEIT 7

1 ○ Zuerst möchte ich eine Rundreise buchen!
   ● Ich empfehle Ihnen da ein Segelboot.

2 ○ . . . äh, und dann möchte ich einen Leihwagen für morgen mieten!
   ● Das beste wäre da wohl ein Segelschiff.

3 ○ Dann hätte ich gern ein ausführliches Kulturprogramm . . .
   ● . . . genau! Da haben wir den tollen Zauberer Zippo, er läßt ganze Hasen verschwinden.

4 ○ Und was macht das Nachtleben in dieser Stadt?
   ● Tja, leider ist der Nachtclub geschlossen . . .

5 ○ Schade . . . ja, . . . dann hätte ich für die Rückfahrt gern einen Pullmanwagen . . .
   ● Alles klar!

6 ● Das kostet allerdings einen Aufschlag von 2000,– DM!
   ○ Oh, nein!

EINHEIT 8

1   ○ Wir möchten jetzt abreisen!
     ● Mein Herr?
  ● ● Sie wünschen?

2   ○ Können Sie mir bitte die Rechnung fertigmachen?
     ● Kann ich etwas für Sie tun?
  ● ● Wir haben schöne Zimmer!

3   ○ Sie sagten gestern, daß alles DM 850,– kosten würde!
     ● Wünschen Sie lange zu bleiben?

4   ○ Es war schön hier, leider war es zu laut und der Service war schlecht!
     ● Unsere Zimmer sind ganz prächtig, der Service ist erstklassig und die Lage ist sehr ruhig!

5   ○ Ach ja, ich hab' gestern noch dieses Hörgerät im Cocktailglas gefunden. Das hat wohl einer von Ihnen verloren . . .
  ● ● Nanu?

6   ○ . . . ich hielt es zuerst für eine Olive . . .

7   ● Wir hören hier sehr gut! Sowas brauchen wir nicht!

8   ● So, und nun sagen Sie mir bitte, wie lange Sie bei uns bleiben wollen!!
     ○ Oh, nein!